N.ロドリゲス・A.ライヴ　［著］
川浦康至・田中　敦　　［訳］

自己観察の技法

質的研究法としてのアプローチ

SYSTEMATIC
SELF-OBSERVATION

For Chin Hwei, Sara Sen-Mei, and Chris, Nina, Emma, Ronnie, Peg, Albert, Dr. Lee, Barbara, Nancy, Richard, Diana, Seteve, Marilyn, Diane, Hal, Trina, Ellen, Kristina, Jim, Ted, Lee, Scott, Ferd, Don, Luika, Roselyn, Vivian, Iva, Bob, Rago, Fred, John, Anson, Janina, Barry, Wade, Lou, Majid, Seatree, Julie, Ah Quon, Selene, Pat, Gerdine, Stephanie, Mike, Bert, and all the Yuens.

日本語版への序

本書を日本の読者に紹介できることは、われわれにとってこのうえない喜びです。本書はある難題に光をあてるきっかけとなることでしょう。その難題とは、社会科学は人間の相互作用に関して文化差を超えて適用可能な法則を発見しうるか、という問いです。われわれの願いは、みなさんが自己観察法を用いて研究され、日本人インフォーマントによる観察結果が、米国人インフォーマントによる研究結果と類似しているかどうか検証されることです。

系統的自己観察をベースとする研究には三つの戦略があります。それは、人間の相互作用について繰り返し使え、いつでも再現でき、さらに普遍的な法則をもたらすかもしれません。第一は、「自然な生活環境」における人の行動を研究すること。第二は、相互作用の細部に注意を払うこと。これを実践すれば、いままで気づかれることのなかった事象に気づくはずです。第三は、自己観察に真剣に取り組み、その結果を仔細に検討し、(自分たちが想定していなかった)多様な人びとにも当てはまるか考えてみること。以上の三点です。

これら三つの戦略を用いることで、従来の方法では研究の難しかった事象(たとえば、嘘をつくことや賞賛を控えること、自己と他者との比較など）が研究できるようになります。この種のトピックは、研究者が観察可能な外顕的行動から構成されてはいません。言い換えれば、観察者である被験者自身にとって、このような類の行動はあまりに微小で、自動的に行われ、あまりにすばやく終わってしまうため、意識されにくいものです。われわれの系統的自己観察法は、こうした行動の豊富な細部に気づくようになるための証明済みで実用的な方策を提供します。

われわれの研究は米国に住む学生インフォーマントに限られていますが、大変興味深く期待できそうな結果が得られました。われわれは、さまざまなトピックについて広範なインフォーマントに自己観察法を用いて研究しました。インフォーマントの民族や年齢、性、社会階級が多岐にわたるにもかかわらず、得られた結果はよく似ていました。われわれの分析によれば、学生たちの到達内容、配慮、決定過程、認識はほとんど同じように構成されていました。これはつぎのような魅力的な問いを提起します。つまり、系統的自己観察研究は人間の相互作用における一般的で、普遍的ともいえる特徴を明らかにすることができるだろうかという問いです。

われわれの研究が単一社会にとどまる限り、この問いに十分答えることはできません。それだけに、日本のみなさんに、われわれの手法で同じトピックを研究するよう提案できることは大変光栄であり、うれしく思っています。日本という文化的文脈のなかで、日常生活の細かなできごとにどう反応するのか、当事者と外部観察者の両面から観察してみてください。ありきたりの日常生活において、お互いがいかに違っているかということよりも、いかに似ているかということが、ずっと重要で興味深いものか検討していただきたいのです。われわれの観察とみなさんの観察との違いに気づいたならば、それらを記述し、違いの理由を分析してください。集団差および文化差を越えた相互作用の特徴を明らかにするうえで、われわれの手法がいかに有効か、みなさんの取り組みによって理解していただけることでしょう。

二〇〇五年十月

ノーリー・ロドリゲス（ハワイ州ニノル）
アラン・L・ライヴ（カリフォルニア州セリトス）

謝　辞

筆者らは、この場を借りて以下の方々に謝意を表したい。まずＵＣＬＡの全教員、とりわけハーヴェイ・サックス、ならびにジョン・ホートン、ワーレン・テン・ホウテンの三名に対してである。わたしたちの著作は多くの人からインスピレーションを受けているが、なかでもハーヴェイ・サックス、アーヴィング・ゴフマン、ハロルド・ガーフィンケル、ジョージ・サーサス、スティーヴ・リスキン、エマニュエル・シェグロフ、ハワード・シュワルツ、マリリン・ガーバー、マーティン・カラシュ、ジョン・ヘリテージらに触発された。愛する家族と友人、そして研究仲間の忍耐強いご支援に感謝したい。

シリーズ編者によるはしがき

観察データの内省的、内観的な性質はほとんど議論されてこなかった。ウィリアム・ジェームズからアーヴィング・ゴフマンまで、社会学者たちは、研究手段として問題の多い個人的観察の性格に悩まされてきたが、その一方で、実証的、理論的知見とそれを一般化するための情報源として、（自分自身や他者による）個人的観察に頼ってきた。研究者の認識によれば、われわれが見たり話したり行ったりすることは、社会的、文化的な制約、ありていに言えばルールによる規制を受けている。他方、こうした制約やルールは、通常、一定の距離をおいて検証される。それは他者による報告、他者に関する報告を通じてなされ、研究者の側ではなく研究対象者の側に多く適用されてきた。したがって、それは研究者の目から見ると、日常生活のなかの見慣れたものではあるが明確に識別可能な部分として扱われる。このような制約やルールは社会生活それ自体の基本要素であるが、われわれがとらわれている慣習として、あるいはもっと広い意味で、社会生活を至るところで可能にしているものとして扱われることはほとんどない。

ノーリー・ロドリゲスとアラン・ライヴは、質的研究法シリーズの四九巻目*として系統的自己観察を取り上げ、自己意識の普遍性から記述を始めている。ここで彼らは、最も魅力的な社会的データの多くが実は個人的かつ観察で得られたものであると指摘している。しかも、これらのデータは、日常生活の思考過程や会話を構成しているちょっとした振り返りやおしゃべりのなかにたやすく見つけることができる。たとえば、もし人間関係が、嘘をつくことや賞賛を控えること、秘密を守ることで、生まれたり（終わったり）、うまくいったり（けんかになったり）、親密になったり（疎遠になったり）したならば、その場合、嘘をついた人や賞賛を控えた人、秘密を守った本人以上に適切な観察者は存在するだろうか。

もちろん、問題は情報源の適切さではない。問われているのは、毎日の自分自身の生活行動に気づき、注目し、考えてみるという誰にも備わっていて、しばしば見過ごされがちな潜在能力を、系統的に開発し育成する方法である。系統的自己観察がわれわれに多くのことを語ってくれるのは、この点についてである。

ロドリゲスとライヴは、日常社会生活の輪郭を記録する初期の試みである日記や生活時間分析、構造化された様式にもとづく自己報告を紹介しながら、自己観察の位置づけや集約、分析を可能にするためのさまざまな手法を開発し、具体的に説明している。自己報告（実際にはそれを利用している）が持つ主観性を克服するこのアプローチは、その多くをエスノメソドロジーや会話

＊　訳注　原書シリーズは Qualitative Research Methods として、現在五〇巻まで展開されている。本書 Systematic Self-Observation は、その第四九巻めとして刊行された。

分析での研究成果に拠っている。そして、ロドリゲスとライヴ両教授が示唆するように、エスノメソドロジーや会話分析と同様、系統的自己観察は、重要であるにもかかわらず検証困難な基礎的社会過程を可視化してくれることだろう。

ジョン・ヴァン・マーネン（マサチューセッツ工科大学）
ピーター・K・マニング（ミシガン州立大学）
マーク・L・ミラー（ワシントン大学）

序　文

ロドリゲスとライヴの手になる本書『系統的自己観察』【邦題『自己観察の技法——質的研究法としてのアプローチ』】は、いくつかの点でこの分野における先駆けと言えよう。この事実は書名からもうかがえる。「自己観察」は、社会科学の方法論に関する教科書の目次や索引ではまず見かけない言葉だからである。かろうじてふれられている場合でも、わずか二、三の段落を占めるにすぎない。質的社会学や人類学のテキストで語られる「観察」は、研究対象のなかに入り込み、彼らがやっていることを自ら経験し、その一方で「彼ら」を見て報告するための一連のストラテジーである。それは、人が自分自身の経験や行動に対して行なう首尾一貫した直接的な観察ではない。

ロドリゲスとライヴは、本書全体をこのテーマに捧げている。彼らは自己観察とは何か、なぜ有効で重要なのか、また自己観察を的確かつ正しく実施するための具体的な方法を説明している。

ある意味で、すべての社会科学は系統的自己観察である。つまり、社会科学はわれわれ自身について研究し、学ぶ試みだからである。多くの面において、このことは、社会科学者にとって、主体と客体、つまり観察者と観察対象者との分離を難しくしている。好むと好まざるとにかかわらず、欲しようと欲しまいとにかかわらず、「研究」という営みは、われわれが研究対象とする社会世界そのものの一部であり、研究という行為によって世界も変化する。この基本的な事実は、なぜ方法論のテキストに自己観察に関するアドバイスが少ないのか、なぜ社会科学の「実証科学」としての地位をめぐって一世紀もの間、物議をかもしているのかを説明している。

一方の極に、科学性と客観性を切望する人たちがいる。彼らは「主観的」という言葉自体を、偏りやエラー、歪曲、誤認を本来的に含む過程とみなす傾向がある。彼らが考える方法論の多くは、字義的にも心理学的にも、研究という行為と研究されるものとを分離するためのストラテジーである。

これと反対側の極に位置するのがラジカル社会科学者である。彼らは、自己言及の逆説や、人びとの多様な認識から成り立つ多元的リアリティによって生み出される実証問題にかかりきりである。また、われわれを研究しているのがわれわれ自身であるという事実にもこだわる。彼らは、実社会と人間世界を、常識的なリアリティ概念からかけ離れた「夢の国」として描く。それは、観察者と被観察者が常に追いかけ合い、役割が入れ替わる世界である。リアリティは常に実在し、同時に社会的な構成物である。こうした枠組みから見ると、主体と客体があまりに深く結びついていて、ほとんど区別不可能な領域において、真実や客観性、正確さ、その他類似の概念はほとんど存在し得ない。

斬新さにあふれる本書は、この哲学的迷路を直接的かつ驚くほど容易に切り抜けている。自己観察法の説明にあたって著者らはつぎのように述べている。すなわち、われわれは生活すると同時に生活を学ぶことが「できる」。注意深く扱えば、「主観的」経験と自己観察は偏りやエラーと無縁なものになる。このような観察は、常にという訳ではないにしても、予想以上に多くの場面で、信頼に値する、有効かつ正確な方法として評価できる。そして、われわれは、人びとのさまざまな認識を、（ツールとして研究トピックとして）社会科学に取り込むために、実在し客観的に「存在する」世界という常識的な概念を放棄する必要はない。

スティーブン・リスキンが同僚のロドリゲスとライヴにアドバイスしたとおり、二人は、論理的・哲学的な難題に翻弄されることなく、素直に取り組み「成し遂げ」た。

本書には、何年もかけて築き上げられてきた自己観察の方法が書かれている。この方法は、質問紙やインタビュー、（ビデオ録画を含む）直接観察では捕捉しえない事象へのアプローチにとりわけ有効である。実際、この方法は興味深く重要な研究事象の全領域に開かれている。

ハワード・シュワルツ博士

目次：自己観察の技法
——質的研究法としてのアプローチ——

第1章

系統的自己観察の基礎

日常社会生活研究の質的アプローチに対する関心の復興は、実証主義に由来する手法を避け、それ以外の手法を求めてきた多くの研究者を勇気づけている（Ellis, 1991; Gubrium & Holstein, 1997; Wheeler & Reis, 1991）。系統的自己観察は、実質的な未踏領域に入っていく際の研究手段となる質的研究方法である。本書は系統的自己観察に関する解説書であり、理論的説明や、いくつかの実例、批評、さらに応用のための実践的ガイドラインから構成されている。

自己観察は日常的に行っている経験である。それはまた、心理療法家や教師、心霊治療者によって、治療や教育、自己啓発に利用されてきた。系統的自己観察の効用はこうした目的で活用されることもあるが（第5章でふれる）、ここではつぎのような貢献、すなわち旧来の研究方法ではうまく到達できなかった社会的・心理的事象の科学的研究への貢献に注目する。筆者らは、十三年間にわたって系統的自己観察に取り組んできた経験から、この方法が広く適用可能で実践的かつ合理的であり、実りの多い研究法であると自信をもってお勧めする。

1 系統的自己観察とは

系統的自己観察において、インフォーマント（訳注：研究者の要請に応じて調査に参加し、情報を提供する者）は自分の日常経験のある特定の特徴を観察し、記録するためのトレーニングを受ける。

トレーニングはつぎの説明から始まる。この科学的手法の解説、詳細な観察の重要性、そしてインフォーマントが自身の経験をありのまま正確に捕捉するためのデータ収集作業についてである。その後で、念入りに選ばれた研究課題が研究者から紹介される。系統的自己観察の目的はインフォーマントの経験を正確に記述することにある。

研究者はインフォーマントに、ふだんと変わらぬ行動をとるように指示する。彼らはいつもどおりの生活をしながら、研究トピックとされた事象が生じた瞬間を即座に観察しなければならない。インフォーマントは、その事象が現れたら、観察に集中するよう指示される。たとえば、研究トピックが「賞賛を控えること」であるとき、インフォーマントはつぎのように言われる。

あなたがいつもしているように、ふだんどおりの生活をしてください。自分が相手を誉めることを控えていると気づいたら、それについて観察を始めてください。意識して賞賛を控えたりすることがないよう、行動を変えることなく、ただただ観察してください。自分が賞賛を控えていることに気づいたならば、それを評価することも疑うこともしないでください。

ただ観察すればよいのです。

系統的自己観察の研究では、インフォーマントは〈ただちに〉観察対象のフィールド報告を書くよう指示される。その内容は、行動や話されたことばの詳細な記述、その事象を取り囲むさまざまな文脈情報や思考、感情を含む。報告のもとになるフィールドノーツには、そのときの状況や、その場に居合わせた人たちとの関係もメモしなければならない。系統的自己観察研究のデータは、多様なインフォーマント集団の個々人による複数のレポートから構成されるのが一般的である。

2 系統的自己観察の理論的・方法論的基礎

系統的自己観察は、アーヴィング・ゴフマンの伝統的理論、象徴的相互作用、エスノメソドロジー、記号論、心理言語学、会話分析から多くの着想とヒントを得ている。こうした研究分野と系統的自己観察の結合は、その分野で活躍している研究者にとってはとりわけ興味深いものだろうが、重要なことは系統的自己観察がそのようなルーツとは無縁なプロジェクトにも適用できる点である。系統的自己観察法は、広範な研究テーマや理論パラダイムにたやすく適用でき、一定の成果を生み出す可能性を持つ研究ツールである。この点を考慮して、つぎに続く、系統的自己観察を形成した理論的推測や実際的関心に関する議論では、この方法がより詳しく説明される。

取り扱いのむずかしい日常のできごとを理解する方法として系統的自己観察を位置づけること

ができる。さまざまな分野の研究者が支持するように、社会生活に対する明確で重要な洞察力は、日常生活における小さなできごとを数多く研究することでしか得られない（Goffman, 1959, 1967; Reis & Wheeler, 1991 を参照されたい）。系統的自己観察の発展を促した研究は、日常生活の細かな規則性を実際経験に忠実な形で発見、記述し、理解しようとする探索だった。

多くの重要な心理的・社会的事象は、それを経験した本人しか観察しえない（Schwartz & Jacobs, 1979）。たとえば、ゴフマン（Goffman, 1959）の「舞台裏」行動と「偽装」行動に関する研究から、観察可能な表の部分は社会的リアリティの一部にとどまることが知られている。表面に現れた行動は多くの重要な事象を隠している場合が少なくない。系統的自己観察は、認知過程、感情、動機、隠された行為、省略された行為、社会的に抑制された行為のような、隠れた、とらえどころのない、個人的な経験にアプローチする際にとりわけ威力を発揮する。

サックス（Sacks, 1992）によれば、科学の営みが、日常の社会的事象を発見、記述し、分析することであるならば、研究者は、その事象に記述を用いて接近し続け、人びとに理解可能な概念で説明しなければならないという。同様に、サーサス（Psathas, 1995）は「既成の理論的、概念的なカテゴリーを避け、素直な心と広かれた心でその研究事象に取り組むこと」を勧めている。したがって、トピックも通常のありふれたものが望ましい。たとえば、われわれが系統的自己観察の対象として取り上げてきた日常生活のトピックの一部を紹介すると、つぎのようになる。嘘（隠蔽行為の事例研究）、秘密（禁止行為の事例研究）、賞賛抑制（抑制行為の事例研究）、他者との比較（思考過程の事例研究)、妬み経験(感情の事例研究)。これらの研究については第4章でふれる。
系統的自己観察研究の主題は、社会的行為に関するマックス・ウェーバー(Weber, 1967)の定義のなかで的確に規定されている。そこには、主観的意味、精神「諸行動」、非行動の研究が含まれている。

ある人物(複数の場合もある)の行動がある主観的意味と結びつくとき、またその場合に限って、人間のふるまいは「行為」と呼ばれる。そのふるまいは内面的なものかもしれないし、外面的なものかもしれない。それは行動することであるかもしれないし、行動しないことであるかもしれない。行為は「社会的行為」と呼ばれ、行為の意図は行為者によって他者の行為と関連づけられる。そして、それに応じて方向づけられる。

社会生活は、それが生じた視点とレベルで記録、分析されなければならない。研究者の意識的ないし無意識的(理論的)仮定は、インフォーマントが自分の行動や経験に与えている意味を見逃したり、無視したり、潤色したりする可能性がある。そのため、系統的自己観察では、データはインフォーマント自身のことばで記述される。

系統的自己観察データは、観察対象者と観察者とが同一人物であるため、できごとの直接的な報告を生み出す。そのデータに記録されている意味、観点、感情は、研究者が知りたいと思っていることそのものである。反対に、従来の参加観察法や非参加観察法が生み出すデータは、間接報告のフィールドノーツである。これらは、研究者の個人的な視点や理論スタイルに左右される（Silverman, 1993）。これまでの研究では、研究者の観察やフィールドノーツは、分析されることなく放置されてきた（Garfinkel & Sacks, 1970; Sacks, 1963）。

研究者の姿勢が〈生〉データを規定するという問題は、録音や録画を用いることで解決できる場合もある。この場合は、録音（録画）テープやテープ起こしした記録がフィールドノーツの代わりとなる。だが旧来の観察法を用いる限り、人びとの生活の多くの重要で隠された、とらえどころのない側面は観察もテープ記録もできない。

インタビューと質問紙法は、意味、認識、態度、思考過程、感情、および非行動（隠された行動、社会的に制限された行動、省略された行動）に関するデータ収集の常套手段である。しかし、インタビューや質問紙法で日常社会生活を研究することには、深刻な制限が伴う。社会的認知に関する文献の大半は、ありふれたできごとのある特徴を記憶することがいかに難しいかを示す研究で占められている（Markus & Zajonc, 1985）。同様に、日常のありふれた経験や相互作用を研究している文化人類学者や心理学者、社会学者は、多くの特徴が気づかれず、記憶されないまま消えていくことを観察している（Schutz, 1962）。たとえインフォーマントが協力的で正直でも、多くの行動は、日常的かつ習慣的か、思い出すことのできないような無意識のやり方で行われる。

人が自分の経験の多くの特徴を意識していない（覚えていない）理由は、エスノメソドロジーの観点や、ポランニ（Polanyi, 1967）の「暗黙知の次元」という考え方によって説明される。日常生活の細部に気を取られないことは、熟練した社会行動を遂行するために欠かせない能力である（Polanyi, 1967）。たとえば、初期の研究では、通常のインタビューが行われ、日常生活で話した嘘を「思い出す」よう相手に求めた。この方法では、限られた結果しか得られなかった。というのは、被面接者は周到に用意した嘘以外の、さりげない嘘をほとんど思い出せなかったからである。

系統的自己観察を用いると、インフォーマントはいろいろなタイプの嘘に気づくと同時に、ふだんいかにたくさん嘘をついているかを知り、非常に驚く。インフォーマントがつく嘘や、その嘘が語られる詳細な状況は、暗黙知の次元では不明瞭である。多くの嘘は、インフォーマントが自己観察するようにあらかじめ言われているときのみ観察可能になる。

系統的自己観察法の目標は、インフォーマント自身の経験を正確に記述したフィールドノーツを作ることにある。社会生活は時々刻々変わる、複雑かつ状況依存的で、ペースの速い、即興的な事象の流れである。厳密な研究ストラテジーは、自然な生活がもつ高度な複雑性、部分的な可視性、ダイナミックな展開を考慮しなければならない。インフォーマントは、社会という舞台の役者であると同時に観察者でもあり、複雑な要求をこなしている事実も考慮に入れる必要がある。これらの理由から、系統的自己観察のトピックは〈単一〉で〈的の絞られた〉事象であって、文化に対して〈自然〉であり、容易に〈気づかれ〉、（恒常的な発生とは反対の）「断続的」で、

〈始まりと終わりの〉〈境界〉が明確な、〈短時間〉の事象でなければならない。フィールドノーツは、インフォーマント自身のことばで、その人自身の個人的な観点から、経験を記述するものである。

3 社会科学における自己観察の取り組み

二十世紀はじめ、社会科学の世界に行動主義や実証主義、客観主義の波が押し寄せた（Hinkle & Hinkle, 1954; Schwartz & Jacobs, 1979; Watson, 1913; Wheeler & Reis, 1991）。これらの潮流は、主観的経験、内観、日常生活経験の詳細な研究を、それらがあまりにも「ソフト」で曖昧で特異なため、厳密な社会科学的研究には不適切であるとして排除してきた。

しかし、客観的事実を重んじる社会的事実パラダイムは、方法論的基礎の一部として自己観察を用いたことのある、高名な社会科学者たちから反論を浴びた（以下を参照されたい。Cooley, 1926; Dilthey, 1976; Garfinkel, 1967; Goffman, 1967; Jung, 1961; Weber, 1949; Znaniecki, 1934）。ハイデガーやフッサール、ジョージ・ハーバート・ミード、メルロ・ポンティ、ヴントといった社会哲学者や心理学者も、自分たちの基本的手法として一種の内観法を用いていた（Ellis, 1991）。

現代の社会科学者のなかには、自己観察をデータや検証の正当な情報源として率直に認める者もいない訳ではない。だが、実際のところ、自己観察は他の〈あらゆる〉データ収集法の付属物であり、故意に無視されるか、ただ単に意識の外に置かれている（Caughey, 1982, 1984; Crapanzano, 1970; Denzin, 1971; Ellis, 1991; Grover, 1982; Johnson, 1975; Krieger, 1985; Singer, 1966; Wallace, 1972)。しかし一九七〇年代以降、社会科学の研究方法として自己観察を用いる取り組みが数多くなされている。

自己観察の研究ストラテジーを探求してきた研究者たちにはいくつかの共通点が見られる。彼らは、ごく自然に起きる人間行動の研究に関心がある。また、日常生活の細かな特徴について実証データを得ることに関心を持っている。結局のところ、彼らは、こうした課題に迫るのに一般的な社会科学的方法では不十分であると主張し、自己観察の利用を正当化している。

自己観察のさまざまな研究実践には共通した特徴が見られ、これらの研究方法を比較するために、いくつかの変数が用いられる。第一の変数は、〈誰〉が自己観察を行うのか、つまり研究者なのか、インフォーマントなのかという観察主体である。第二の変数は、〈何〉を観察するのか（観察対象）で、リサーチクエスチョンを決定する研究者の理論的方向づけがトピックの定式化をかなり規定する。観察対象となる事象は、単独のトピック（特定の行動、思考、感情）から、複数の全行動またはある一日の全活動にまでわたっている。最後の変数は、自己観察の経験を〈どう〉データ化するかである。自己報告にもとづくフィールドノーツ、語り、日記、録音テープ、質問紙、インタビュー、それらを組み合わせたものがデータベースの構築に使われてきた。

自己観察研究ならではのテーマとして、研究者が自らの経験を分析する例があげられる。こうした研究の多くにおいては、データと分析との境界が曖昧である。デーヴィッド・サドナウは、『鍵盤を駆ける手』（Sudnow, 1978）で、ジャズピアノを演奏しながら、実演と経験を自己観察し、内観した。彼は、人間の相互作用とコミュニケーションの即興的性格を記述するためのメタファーとして、この分析法を用いた。キャロライン・エリス（Ellis, 1991）は自分自身の内観的経験で感情を研究した。ジェローム・シンガー（Singer, 1975）は、自分の白昼夢について自己観察と分析を行い、主観的でとらえどころのないトピックに関する報告書の冒頭でふれている。

アンソニー・ウォレス（Wallace, 1972）は、「仕事に駆り立てるもの」という論文において、文化人類学者たちが自己観察を使い、自分たちの社会が研究できることを示した。彼は自己観察を用いて、自宅から職場に向かう間にみられる暗黙の認知過程を明らかにしようとした。デイヴィッド・ハヤノ（Hayano, 1979）は、この試みを斬新で興味深いと評価しつつも、もとになっているサンプルが一つだからという理由で、ウォレスの認知規則の一般化可能性に疑問を投げかけた。しかしながら、サンプル数の大小は研究対象の題材抜きで論じることはできない。もし研究中の事象が一般的なものならば、少数サンプルで十分だろう。しかし、事象の普遍性は実証によって確認すべき課題であり、そのためには多くの研究が必要となろう。

社会科学者が、観察に参加してくれる多数のインフォーマントを募ることはごく一般的であり、このことは当然ながら系統的自己観察にもあてはまる。インフォーマントによる自己観察研究の大半において、研究対象の事象や報告様式は研究者の理論的方向性に強く規定される(Duck, 1991)。インフォーマント自身がデータを生み出すことで、データとデータ分析との差異はより明確になる。

エリス (Ellis, 1991) は、日常生活における感情を研究するのに適した方法として、「系統的な社会学的内観」法を強調した。エリスは自己内観だけではなく、「相互内観」と呼ばれる方法も導入した。この方法では、研究者とインフォーマントは同等の立場でインタビューをし合う。つまり、互いに感情経験を思い出し、その内容を記述することを助け合う。研究者とインフォーマント双方の感情経験に関する記述がデータベースを構成する。

若者の対抗文化のエスノグラフィック研究において、ウィーダーとジンマーマン (Wieder & Zimmerman, 1977) は、直接観察の合理的な代替策として日記インタビュー法を用いた。そこでは、インフォーマントは毎日の行動を、「誰が」「何を」「いつ」「どこで」「どのように」という指定された形式で、七日間以上にわたって時系列で記録するよう求められた。その際、ありふれているからという理由で記述を省略しないように指示された。「われわれは、インフォーマントに、性行動やドラッグ使用のようなことがらも隠し立てすることなく、できるだけ詳しく記述するよう強く求めた。さらに一日のうちで日記を書くための決まった時間を取るよう勧めた」。そのあとで、研究者たちは追加インタビューの質問材料として、この日記をつぶさに調べた。詳細部分を補い、個々のできごとを越えた「より一般性を備えた態度、信念、知識、経験」に導くための追加インタビューが厚みのあるデータをもたらす。こうしたエスノグラフィック・アプローチはある文化集団の全体的な特徴を把握するのに適している。

シンガーとコリジアン（Singer & Kolligian, 1987）は、コントロールされた実験場面とふだんの日常生活場面の両方における個人的な経験を研究した。彼らの方法論的ストラテジーは注目に値する。それは、彼らが参加者に対して自分たちの思考過程に思いをめぐらせながら、それを声に出すよう要求するケースがあったからである。

ウィーラーとライス（Wheeler & Reis, 1991）は、日常生活の細部に関心を持つ社会心理学者たちによって開発された自己記録法をつぎの三種類に分類した。つまり、間隔随伴記録、合図随伴記録、イベント随伴記録である。いずれにおいても自己観察が用いられ、観察者は自身の日常生活の状況的特徴を記録するよう求められる。

1．間隔随伴記録―ツァトラら（Zautra, Finch, Reich, & Guarnaccia, 1991）は、参加者全員に、あらかじめ決められた時間間隔で（たとえば四時間ごと）、あらかじめ指定されたテーマ（たとえば気分）について、（前回報告時点以降の内容に関する）詳細な自己報告を書くよう求めた。こうした自己報告の記述は、自由に綴る方法よりも質問紙法の方が向いている。間隔随伴法は指定された日常生活イベントの出現頻度を研究したり、一定時間内における経験の細部を描き出したりするのに有効である。

2．合図随伴記録―ウォンとチクセントミハイ（Wong & Csikszentmihalyi, 1991）は、インフォーマントに対し、研究者から合図が発せられたときはいつでも、そのときの動作を中断し、経験を記録するよう求めた。ほとんどのケースで、合図は一日あたり六～九回の範囲で出され、その合図のタイミングはあらかじめ知らされていない。合図の直後に行われる報告は目的に合わせて構成された質問紙によって記録される。この方法の利点は、インフォーマントによる自己観察と報告との間に時間的なずれがほとんどないことである。このやり方は、日常活動における、認知的ないし感情的な状態や現実活動のサンプリングに適用できる。

3．イベント随伴記録―「ロチェスター相互作用記録」（Reis & Wheeler, 1991; Wheeler & Nezlek, 1977）では、自己観察の対象者は、あらかじめ決められた定義に当てはまるイベントが生じるたびに、報告を記入するよう求められる。たとえば、人との話が十分以上続くたびに、対象者は標準化された定型質問紙に回答しなければならない。その質問紙はインフォーマントに、相互作用の「親密度」を、1（表面的）から7（重要）の七段階で評価させる尺度を特徴としている（Wheeler, Reis, & Nezlek, 1983）。「アイオワ相互作用記録」（Duck & Rutt, 1988）もまた同じような量的尺度を用い、「それは単なるおしゃべりだったか」という質問に対し、対象者は、1（まったくそのとおりである）から9（全然そうではない）の九段階で評価する。ロチェスター版もアイオワ版も、特定の定められた問題に焦点を当てて、特定の相互作用分野を研究したり、大量のデータベースを作成したりするのに便利である。

アメリカ研究の分野で活躍している文化人類学者のジョン・コーゲイ（Caughey, 1982; 1984）は、『空想の実社会』（*Imaginary social worlds*）で、夢や空想、意識の流れ、メディアに登場する人物の理想化、幻覚、妄想といった思考過程を探っている。コーゲイの指摘によれば、こうしたプロセスに関するデータを得る方法は、その人が内観している主題を尋ねることにつきるという。

4 系統的自己観察と他の自己観察法とのちがい

コーゲイ（Caughey, 1984）のアプローチは、系統的自己観察パラダイムによく適合しているが、唯一違う点は、彼の選択した主題（空想）が、自己観察の初心者にはおそらく難し過ぎるという点である。コーゲイは、学生をインフォーマントに用い、空想に耽っている最中に浮かんだ物語をフィールドノーツに書きとめるよう指示した。インフォーマントの自己観察報告データから構築されたデータベースによって、コーゲイは日常生活における空想の研究を行うことができた。空想は多次元的で、曖昧で、至るところに存在し、大半が暗黙知の次元に埋め込まれているため、このような茫漠とした事象を把握、報告することは、個々のインフォーマントにとって気の遠くなるような作業かもしれない。しかし、うれしいことに学生たちの多くは自分の空想に関する詳しい説明を書くことができたとコーゲイは報告している。

系統的自己観察は、エリス（Ellis, 1991）の「相互的内観」法とも異なる。系統的自己観察では、研究者とインフォーマント間の相互作用はデータが集まる〈前の段階で〉終わっている。

系統的自己観察はイベント随伴的な手法である。というのは、対象トピックの自然発生が観察と報告のきっかけとなるからである。このデータベースは、ある一日の活動における「注目すべきことがらすべて」を日記に含めるようにという、ウィーダーとジンマーマン（Wieder & Zimmerman, 1977）の指示によって作成されたデータベースと大きく異なる。系統的自己観察は自己観察そのものに焦点をあてた手法であり、系統的自己観察アプローチは、インフォーマントに対して、注意力を高めたまま〈ある特定のイベント〉の自然発生を注目するように求める。しかもインフォーマントは、観察後〈ただちに〉報告を書くように求められ、観察対象となっている活動の発生とフィールドノーツへの書き込みとの時間的ずれは最小限に抑えられる。

ロチェスター版とアイオワ版の相互作用記録におけるイベント随伴型質問紙と異なり、系統的自己観察法はインフォーマントに語らせようとする。フィールドノーツを構成するのは、〈状況〉〈その場の参加者〉、および何が起きたか（〈話されたことば〉、インフォーマントの〈すべての思考と感情〉を含む）を確認せよという指示の三つである。インフォーマントは、フィールドノーツに書きとめるよう指示されたことがらに答えなければならないので、系統的自己観察はイベント随伴的であり、終わりのない自己インタビューであり、直接観察で得られた経験の記述を引き出すものと特徴づけられる。

系統的自己観察は自然発生的なイベントに忠実なデータを生み出す。というのは、インフォーマントが事象の発生を特定するからであり、そのデータはインフォーマント自身によって記述されたものだからである。インフォーマントの観察を一定の順序でたずねる（研究者の考え方が反映された）質問紙法と異なり、系統的自己観察はインフォーマント自身のことばで書かれ、その人固有の感受性や発話、考え方、経験、視点を反映したデータを生み出す。

系統的自己観察は科学的厳密さの獲得に努めている。自己観察を通じて生み出される記述の質と妥当性を最大化しようとする柔軟な研究ストラテジー、それが系統的自己観察である。

第2章

系統的自己観察の実際

本章では系統的自己観察の進め方について考える。さらに、この手法を自分たちの目的に合わせて使いたいと思っている研究者たちに選択肢を提供する。最後に、この方法の倫理的な問題点を検討し、合わせて、この手法の評価にもふれる。

系統的自己観察法のロジックは、自己観察を通じた日常生活の研究に関連する実際的問題に適応しながら、研究基準の厳密さを最大化しようとする試みから生まれている。

一つの系統的自己観察研究には、つぎのような課題が含まれる。

1 系統的自己観察法に適合したテーマを選ぶ
2 トピックを定式化する
3 インフォーマントを募る
4 社会科学的調査のロジックをインフォーマントに理解してもらうための説明を行う
5 インフォーマントが感度のよい正確な観察者となるための指導を行う
6 インフォーマントが観察内容を詳細かつ正確に報告できるよう教える
7 インフォーマントに実習課題を用意する

1 研究テーマを選ぶ

日常社会生活は膨大な数の経験細目から構成されている。この高度な複雑性に取り組むため、研究トピックは理論的にも実際的にも自己観察に適した事象に絞らなければならない。社会的・心理的な活動や経験すべてが系統的自己観察にふさわしい訳ではない。たとえば、誉める、侮辱する、愚痴をこぼすといった会話のような外在化された社会行動を研究する場合、録音機器を使えば、より確かで信頼できるデータが得られるだろう。系統的自己観察は、(外在化された行動に随伴する) 動機、記憶、思考過程、抑制された行動、思索、感情のような、内在的で直接見聞きできない領域の研究に向いている。自己観察法のいくつかは、こうした内在的かつ主観的な事象のデータを収集するための最良または唯一の方法かもしれない。

研究者は、トピックの選択にあたって、ふだんの社会生活が持つ、切れ目のない習慣的かつ潜在的でつかみどころのない性質をとらえる際の実際的な問題を考慮しなければならない。また、つぎのような事実にも配慮する必要がある。つまりインフォーマントは社会的イベントのプロセスを妨害することなく、確実に気づき、きめ細かく観察し、その観察内容をフィールドノーツに正確に再現しなければならない。

日常生活を研究する者の第一の目標は、ふだんの生活経験や行動を成立させている規則性や構造性を発見することである。系統的自己観察研究にとってはトピックの選定も、それ自体が分析行為であり、対象事象の説明に既に踏み込んでいる。トピックを〈一つ〉に絞ることは、自己観察研究に理論上のスポットライトを当てることである。これによって、研究課題は現実的なものとなり、行動や経験の暗黙領域が可視化される。よく考えられたトピックは、ノイズの多い社会的経験の詳細をくまなく切り開くことを可能にし、その結果、通常はあいまいで意識されることのない日常的で習慣的な生活の特徴を際立たせる。

自己観察のトピックの抽象度が低く具体的であればあるほど、その事象は気づかれやすく、報告されやすくなるだろう。たとえば、ライスとウィーラー（Reis & Wheeler, 1991）が用いたトピック「十分以上継続した相互作用」では、「いかなる特定の行動にも限定していない」。したがって、十分未満の習慣的な日常行動は、インフォーマントの経験や報告のなかでは顕在化しないまま、気づかれないまま終わることが多い。結局、こうしたトピックの曖昧さは、内在的な規則性を特定し記述するという研究者の能力を損なう結果をもたらす（Katz, 1999）。

トピックは〈限定的〉でなければならない。たとえば、研究者が親密さの研究に関心があるのであれば、「あなたが何か気がかりなことがあることを誰かに白状する」事例（親密さの証）を報告せよという課題は、「隠し立てをしない」あるいは「相手との親密な瞬間」の事例を報告せよという漠然とした一般的な課題よりも、詳細で分析に耐える厚みのあるデータをもたらす可能性が高いだろう。同様に、日常生活のなかで「何かやっている」瞬間の研究は、もっと焦点を絞った「バカなことをしている」あるいは「泡を食った」瞬間の研究にくらべると、信頼性も有効性も低く、分析に耐えないデータしか入手できないことになろう。

時間的に繰り返され、長く続く、あるいは拡散した事象のデータ収集は、非常に困難な作業となる可能性がある。たとえば、「予期」のような広範な思考は、おそらく、あまりにもいろいろな場面に存在するため、多くのインフォーマントは、一定の継続期間内に観察し、正確に報告することができない。延々と続く白昼夢のような長時間の活動を、正確にきめ細かく観察し、報告するのも難しい。多くの人びとは空想を繰り返し、あるいは延々と空想のなかを飛び続けるため、コーゲイ (Caughey, 1984) の研究に参加した何人かのインフォーマントは、とてもやっかいな自己観察課題に直面することとなった。「親しげにふるまう」や「不安を感じる」といった、境界のない拡散したトピックは、インフォーマントにとって、活動や経験の始まりや終わりを確定するのがむずかしい。

実際上の問題として、トピックは〈断続的〉(常時発生とは対照的) に生じ、〈境界が明確〉で (始まりと終わりを特定しやすい)、〈持続時間の短い〉事象でなければならない。このアドバイスは認知心理学分野の研究からも支持されている。すなわち、人はあらかじめ、できごとの細部に注意を払うよう予期していない限り、そのできごとを覚えない (Nickerson & Adams, 1979)。シュナイダーとシフリン (Schneider & Shiffrin, 1977) によれば、対象とする事象が少数で類似しているとき、知覚されやすい。

系統的自己観察研究を成功させるためのもう一つのストラテジーは、自己観察を、ある特定の状況やある特定の関係に限定することである。「非難をさし控える」「噂話をする」「悪口を言いたくなる」といった広範囲の研究トピックは、仕事や学校、遊びのような特定の状況に限定されるならば、あるいは、友人や家族、クライアント、スタッフのような特定の関係における相互作用に限定されるならば、より扱いやすく、得られる情報も豊富だろう（観察にかかわる周囲の人間関係を特定することは、系統的自己観察を治療に用いる際、とりわけ重要になるだろう。これについては第5章でふれる）。

トピックの選定に関するこうしたアドバイスは、日常生活の詳細な背景を認識し、自己観察し、報告するという三つの課題を扱いやすくするためのものである。その結果、信頼性の高い、質的に価値の高いデータを得られる可能性が高まる。研究トピックを（単一で、具体的で、特定された、断続的で、境界の明確な、短いものに）絞るべきであるというアドバイスは、厳密な定義や事象の測定単位を決めることを意図したものでは「ない」。社会的事象の隠れた潜在的領域の研究は発展の初期段階にある。この領域の性質を記述し理解しようとする追求の矢は「どの程度」ではなく、「何」が起きているのかという問いに向けられている。ある事象の出現頻度に関する量的な問題は、事象の潜在的な意味や動機づけの機構を明らかにするユニークなデータを得ることにくらべれば、当面の関連性は低い。*

第5章で、研究可能なトピックの一覧と系統的自己観察のトピックを考案するためのヒントを紹介する。

2 トピックを定式化する

実際的な見地からも、また理論的な見地からも、インフォーマントに与えるトピックは、日常的なことばで表現されるべきである。研究者は抽象的な専門用語を避け、現実生活の意味体系をとらえる日常経験の確認しやすい特徴を選んで与える必要がある（Kirk & Miller, 1986）。あらかじめ念入りに考えられたトピックは（そして、定式化の手段である、質問紙に代表される研究ツールも）、研究者の意味体系をデータの側〔訳注：インフォーマントを含む全般的なこと〕に押しつけるものである（Cicourel, 1964）。この方法は、ある種の研究にとってはふさわしいかもしれないが、ありふれたことを取り上げ、日常生活の自然なできごとに埋め込まれている詳細な規則性をとらえ、記述し、分析しようとする目的からははずれている（Psathas, 1995）。

＊ 実証主義パラダイムに則った研究にくらべると、質的研究はタイプ1とタイプ2のエラーに対する問題を軽んじがちである〔訳注：タイプ1のエラーは検定仮説が正しいにもかかわらず、それを棄却してしまう誤りをさし、タイプ2のエラーは検定仮説が誤っているにもかかわらず、それを採択してしまう誤りをさす〕。

研究可能なトピックは、研究者のことばづかいが日常場面にどれだけ根ざしているかによって変わる。専門用語を使わずに記述された日常の事象、たとえば「嘘をつく」「秘密を打ち明ける」「『告白』したことを後悔する」「恥をかく」「非難する」「けなす」「有名人の名前を持ち出して自慢する」「はったりをかける」「他人の成功を知って落ちこむ」といった事象は、人びととの日常的な用語や経験の一部であり、それだけ気づかれやすいと思われる。「社会的比較過程」のような専門的なトピックでは、「誰か他の人を観察していることに気づき、その人物と自分とを比較しようとする場合」のように言い換え、そのあとで「自己と他者との比較」が手短に説明されなければならない。

トピックの定義を不明確なままにしておくと、人びとはそのトピックを自己流に解釈しようとする。ガーフィンケル（Garfinkel, 1967）によれば、自然言語のあいまいさは実際のおしゃべりに欠かせない要素であるという。インフォーマントたちは、生活上の事象を観察するために、トピックの厳格な定義を必要としなかったという点から見て、（トピックの説明に）日常生活の不明確なことばづかいを用いた戦略は成功したといえる。

インフォーマントにトピックの定義を与えず、自己流の解釈を当てはめるように誘導する選択肢が有用であることは、日常生活で語られる秘密の自己観察研究で明らかになった。秘密について自己観察するという課題を与えたとき、何人かのインフォーマントが「秘密」の定義を質問してきたが、われわれは「あなたが秘密と思うものすべて」と答えをはぐらかした。その結果、われわれは秘密の二つのタイプを見出すことができた。一つは〈明示的な秘密〉で、「それは秘密だ」「これは極秘事項である」「誰にも話すな」というような、その情報の非公開性を規定する表現で始まるか、終わる。もう一つは〈暗示的な秘密〉で、個人的なつて、ないし、その情報が「極秘裏」に伝わってきて、インフォーマントが「知る」秘密である。もし、われわれが前もってインフォーマントに秘密の明示的な定義や見本を与えていたならば、そのデータ内に暗示的な秘密が含まれることはなかっただろう。われわれのストラテジーは、そうではなくて、経験から生まれる定義を考慮していた。

研究者はまた、そのトピックを可能な限り広く解釈するよう、インフォーマントに働きかけなければならない。たった一つの例外的なデータが、その事象の隠れた規則性や機構を明らかにする分析テンプレートとなるかもしれないからである（Katz, 1999；Kirk & Miller, 1986；Psathas, 1995. 例外事例が持つ理論的な有用性の一例を第4章で紹介する。「事例研究1―日常生活における嘘」内の「一つの逸脱事例で分析が決着する」）。

見本の提示は、インフォーマントの知覚を枠にはめ、歪ませ、濁らせ、制約する危険性がある。見本が、インフォーマントの心のなかにトピックを形成させる最も強力な方法であるならば、それはことさらインフォーマントに先入観を与えてしまう可能性が高い。トピックがなじみのないものであったり、明確でなかったりした場合、また見本が必要と思われる場合、研究者はさまざまなタイプの見本をたくさん与えたいと思うだろう。

しかし、もしインフォーマントがそのトピックに精通していることが確実ならば、研究者は見本を提示したくないと思うかもしれない。われわれは、自己‐他者比較に関する研究で見本を与えなかった。その結果、社会的比較で想定される四つのタイプのうち二つは実際には存在しないことがわかった。つまり、「同じである」か「違っている」という報告は稀であり、（われわれが対象とした）インフォーマントの圧倒的多数は、「より上位」か「より下位」に感じるという上下比較を報告した。もし見本として四つのタイプを提示したならば、この重要な知見は極小化されたか、あるいは検出されなかっただろう。

このことは、あらゆる疑わしい事例が含まれることの重要性を強調している。われわれはインフォーマントに対して、〈迷ったときにはどんな形でもいいから、それを書きとめ、提出するようにしなさい〉と指示している。誤った観察を取り除くことはいつでもできるが、報告されない境界例は大きな損失となるからだ。

まとめると、系統的自己観察のトピックは、単一の、隠れた、あるいはとらえどころのない事象でなければならない。それは、具体的で、特定されていて、断続的に発生し、明確な境界をもち、短時間で、日常的なことばで表現され、また、拡大された定義や限定された見本を要さないものである。フィールドワークのあとで研究者は、そのデータを帰納的に分析して、トピックを記述したり定義したりするのに役立てたいと思うかもしれない。

研究のトピックや目的はどれもかけがえのないものであり、これらのアドバイスはすべて考慮すべき事項と言える。インフォーマントにトピックを提示する際の問題点は、研究が進み、いま述べた方法に関するフィードバックが得られたとき、より明確になるだろう。

3 インフォーマントを募る

自己観察は個人差のあるさまざまなスキルを含んだ実際的な活動である。他人よりも感覚が鋭く洞察力に富むインフォーマントもいるだろう。理想を言えば、系統的自己観察に携わる研究者は、データベースを拡張して逸脱事例を分析できるようにするため、多様な状況に置かれた、大量かつ多様なインフォーマントを募り、トレーニングすべきである（Silverman, 1993）*。

文化人類学者は、インフォーマントを使った研究を大量に行っているが、彼らは、まだ日常生活の隠されたとらえどころのない特徴を〈系統的に〉自己観察し報告するインフォーマントを用

* 何人かの社会科学者は、一人のインフォーマントから導き出されたデータと自己観察経験を用いて、日常生活を正確に記述し、洞察力に長けた分析を行い、理解を深める方法を発展させた。もし、研究対象となっている事象が普遍的であるならば、インフォーマントがたった一人でも有意義なデータが得られるだろう。単数サンプルアプローチの妥当性は言語学者によって示されている。その言語学者は、一人の有能な代表的な話し手に協力を得て、言語の記述的分析を構築している（たとえば、Whorf, 1956）。最終的には、データの普遍性と代表性が実証的に示されなければならない。

いていない。われわれの研究「日常生活で語られる嘘」を、東京の日本大学で社会学者たちに報告したところ、大きな反響があった。アメリカ人はみな率直であると思い込まれていたため、日本の社会学者は、アメリカ人が日本人と同じような方法と理由で嘘をつくことを知り大きな驚きを示した。[*]彼らの反応が意味することは、系統的自己観察によって調査可能な日常生活のいくつかの特徴は文化的に普遍的なものであり、まだ研究されていない興味深いバリエーションもあるということである。文化人類学者が、比較研究に系統的自己観察を用いることもあり、その際のインフォーマントはあらゆる文化圏から募集することになろう。

多くの社会科学研究と同様、われわれの系統的自己観察研究は、これまでのところ、各自の所属大学の社会学コースに在籍する学生からインフォーマントを募っている。系統的自己観察は必修課題である。自己観察実習への参加は匿名で任意であるにもかかわらず、辞退する学生はほとんどいない。

UCLAのクラスは、白人、黒人、メキシコ人、高齢者、それに都市部に住む学生が大半を占める。非都市部に位置するハワイ・コミュニティカレッジの社会学のクラスは、もっと若いアジア系アメリカ人、ハワイ出身者、ポルトガル人、太平洋諸島出身者が多数を占めている。われわれが対象としたインフォーマントのサンプルは全体として、年齢や人種、民族、居住地の点で多岐にわたるにもかかわらず、データには多くの一貫性が見られた。こうした結果は、系統的自己観察によって調査可能な事象の一般的な特性を示唆している。この最終分析における研究目的は、適切なインフォーマント集合を構成する人びとのタイプを決定することである。研究者は、全インフォーマントに同じ指示が伝わるように、全員を集めて説明する必要がある。インフォーマントと一緒に行う事前のフィールドワークは、研究者にとって、データ収集作業を方向づけるための最初で最後の機会である。そして、その後の作業は研究者の関知し得ない場所で行われることになる。

4 インフォーマントを科学的観察者に仕立てる

研究者にとって、研究トピックの選択についで重要な課題は、インフォーマントを信頼できる正確な観察者と報告者になるようトレーニングすることである。研究者はインフォーマントに、データの質を高める研究態度とスキルを繰り返し教えなければならない。インフォーマントに依拠する研究は、彼らの側に、意識的に協力するという意欲を必要とする。しかしインフォーマントの理解度や動機づけ、スキルを前もって想定することはできない。

「インフォーマントの態度」は大変重要である。インフォーマントは課題を真剣にこなすだろ

＊ このような嘘を、日本人は「建前」と呼んでいる。

うか。彼らは実証的な裏づけのある知識の重要性を知っているだろうか。彼らは確実に的確に観察し、それを記録することが何を意味するのかわかっているだろうか。彼らは細部に気づくことの重要性を理解しているだろうか。彼らはこの研究の価値が、自分たちの報告の質に左右されることを認識しているだろうか。

研究者は、インフォーマントに、いくつかの科学規範を紹介することで、正しい態度を知らせることができる。インフォーマントは、データに基づいた知識の意義、妥当性や信頼性、科学的厳密性という概念を理解する必要がある。要するに、インフォーマントは正直であり、自分の課題を常に意識し、細部に気を配り、正確であるように仕向けられる。

5 インフォーマントに観察法を説明する

インフォーマントは課題にどう取り組めばいいのだろうか。目的は、ありのままに日常生活の事象を観察することである。インフォーマントは、〈ふだんと同じような日常生活をするように。その課題を遂行するために、ふだんと違う行動をとることがないように〉と指示される。インフォーマントは研究中の事象を意図的に「引き起こさない」ように注意を受ける。インフォーマントは、自分たちがその行動や経験をしていないことを観察するだけでも、それが決して失敗ではないことを認識してほしい。その事象が現れないことの観察はそれだけで重要であり、報告する価値がある。

インフォーマントはある一点だけ異なる行動をとるように指示される。それは、対象となる事象を経験しているとき、そのことに気づくよう、注意深く心を澄ます努力をすることである。意識することは、系統的自己観察の実施を成功させるためのキーポイントである。

ひとたび、その事象に気づいたならば、インフォーマントはその事象を変化させないようにしなければならない。また、心理療法や心霊治療に影響されて、自己観察の対象となっている事象の適否や品行を〈判断しない〉よう強く求められる（Beck, 1989; Hanh, 1987; Rogers, 1961）。インフォーマントはつぎのような指示を受ける。「ひとたび、それ（トピック）が起きたことに気づいたならば、それについて判断をくだしたり、ペースを緩めたり速めたりすることなく、変化させないように、疑わないように——ただ観察するのです」。

そのあとで、インフォーマントは自己観察のための一定の期間を与えられる。その期間は、トピックや社会的文脈、研究目的によって変わる。われわれの系統的自己観察研究では、二日間から二週間の範囲だった。その期間中に、インフォーマントは事象の〈全〉経験を観察し、記録するように指示される。ときには、記憶法として、インフォーマントはゴムバンドを装着したり、手首にひもを巻き付けたりする。そのひもは、毎日の活動のなかで、対象とする事象が生じた際、それを認識できるように目印の役目を果たす。

6 インフォーマントに自己観察の報告法を説明する

系統的自己観察法とロチェスター相互作用記録は、イベント随伴的アプローチである点で共通しているものの、イベントに気づいた際に要求される報告の性質が異なっている。ロチェスター版とアイオワ版による研究は、インフォーマントに対し、標準化された定型質問紙への記入を求める（Reis & Wheeler, 1991; Wheeler et al., 1983）。対照的に、系統的自己観察はあまり構造化されていない、語りを記すフィールドノーツを要求する。このアプローチでは、インフォーマント自身のことばでイベントを記述することが奨励される。

フィールドノーツは、何が起こったかを記述する「だけ」でなければならない。いかなる形でも、その活動や経験を修正したり評価したりしてはならない。インフォーマントは、データ収集の段階では、トピックに関する自らの解釈や分析、理解、評価が（それが観察した経験の一部である場合を除き）妥当でないことを理解しなければならない（Katz, 1999）。インフォーマントは、自己観察事象について（それがもともとの経験の一部である場合を除いて）、道徳的判断をしてはならない。フィールドノーツは、正直に注意深く、詳しく書かれなければならない。要約すれば、インフォーマントは、経験したとおりに事象を記述する、忠実で正確な記録者であることに専念すればよいのである。

観察と報告作成との時間差は最小にする必要があるので、インフォーマントは常に紙と鉛筆を持ち歩き、イベントが発生したら〈ただちに〉、また可能なかぎりすみやかにそのイベントをもらさず書かなければならない。*

フィールドノーツにはつぎの事項が必要である（いずれもことばによる記述を要する）。（a）そのトピックが生じたときの〈状況〉、（b）〈その場に居合わせた人たち〉との関係（社会的役割と仮名を用いる）、（c）〈話されたことば〉と〈インフォーマントの思考と感情〉の正確な再現。研究目的によっては、研究者は、フィールドノーツの記述に追加を求めたくなるかもしれない。

データに対して既存の規則性を押しつけることがないように、研究者はフィールドノーツをどのように構成すればよいかについて、あまり細かな説明は行わない。この構成のゆるやかさは、インフォーマントの勤勉さやスキルに差が見られることとあいまって、結果として、様式や詳細内容、繊細さの異なるデータを生み出す。

倫理的な配慮から、また自己規制や虚偽報告を防ぐため、インフォーマントはフィールドノー

＊ 機知に富んだあるインフォーマントはテープレコーダーを持ってきた。それが実際に使われるとすぐ、彼女はテープレコーダーに話を吹き込むことで観察をやり直し、その後で録音内容をフィールドノーツに文字化した。録音機の使用による処理速度の向上や記録の直接化で、系統的自己観察データの質が高まる可能性がある。

ツを〈匿名のまま〉書くように指示される。研究者は、インフォーマントはもとより報告に登場する全関係者の匿名性を保証するため、あらゆる手立てを講じなければならない。また、われわれはインフォーマントに、彼らのフィールドノーツを評価したり、ランクづけしないことを約束する。インフォーマントは誰でも、ペナルティなしに、名前すら特定されない状態で研究への参加を断ることができるし、途中で辞退することもできる。ただ白紙のまま提出すればよいのである。しかしながら、もしインフォーマントが参加しながら、その事象を観察しなかったのであれば、そのことは報告しなければならない。匿名性を保つかどうか、あるいは、報告をランクづけするかどうかはインフォーマントに任されている。

7 インフォーマントに実習課題を用意する

系統的自己観察研究に関するわれわれの経験によれば、自己観察に関するインフォーマントの動機づけと能力は練習によって高めることができる。心理療法や心霊治療関連の文献によれば、思考や行動の（判断や修正を加えない）自己観察、およびその観察報告は、実践を通して成長するスキルである（Beck, 1989; Hanh, 1987; Kornfeld, 1993）。

われわれの経験から、系統的自己観察の数回の実習でも、インフォーマントの自己観察スキルは、向上しうることがわかっている。われわれは、トレーニングの実習課題として、嘘の研究を勧める。つぎに、（秘密を話すような）比較的長時間の言語行動の観察実習、そのつぎに、（賞賛の抑制、自己-他者比較、妬みのような）非言語的な思考や感情や隠れた行動の観察実習がよいと思われる。

われわれは学生に自分たちの授業のデータを分析するという課題を与えてきた。理論構築を必要とするこの課題は、インフォーマントとしての彼らの意識とスキルを高めるのに役立つ。というのは、その課題が、正確で詳細な報告の重要性を教えてくれるからである。会話の間や声の出し方のような細かいところに気づき記録すること、また話されたことばを正確にとらえることの重要性を理解してもらうため、しばしば、実際にあった嘘に関するデータを紹介する。ここでは、「うーん」（間）と「いいけど」（軽い承諾）が、嘘を動機づける二律背反的な感情をよく表している。

場所―ヒロ（ハワイ）のアパート。
人物―ボーイフレンドとわたし。
状況―今夜どうするか決めようとしている。

わたし：ところで、今夜どうするの。
ボーイフレンド：ボーリングしようか。
わたし：うーん、いいけど［嘘］。どのくらいやるの。
ボーイフレンド：そうだなぁー、君は映画の方がいいのかな。
わたし：そうね。映画にしましょう。

実習内容の指示、データ収集、分析と、一連の実習を終えると、インフォーマントの系統的自己観察に対する関心や意欲は目に見えて高まり、スキルも向上する。このトレーニングを通じて、彼らのなかに系統的自己観察の新しいトピックに対する心がまえができる。

8 倫理的配慮

われわれは、インフォーマントに対し、自分やその他の関係者の名前を匿名にするよう指示している。彼らのプライバシーを保護するためである。日常社会生活の規則性や構成秩序の記述や分析は、個人のパーソナリティに依存しない。これまで、フィールドノーツと特定の個人を結びつけるようなことはしてこなかったが、それが研究の障害になったことはなく、むしろ、データの公正さと妥当性を高めてきたといえる。

系統的自己観察では、人びとはありのままに、ためらいもなく、いつもどおりしていることが報告される。彼らの行動が、系統的自己観察の課題に参加したことが原因で、悪影響を受ける可能性は小さい。インフォーマントは、おそらく、これまでとまったく同様に、嘘をつき、内緒話をし、他者と比較し、賞賛を控えるという行為を続けるだろう（これらのプロセスに対する彼らの意識は高まっているはずだが、それにもかかわらずである）。

系統的自己観察がインフォーマントに及ぼす可能性のある心理的影響は、倫理上の問題である。系統的自己観察は、社会生活のなかで、無視され目立たなかったトピックのデータを得るために開発された。われわれの系統的自己観察研究は、日常生活の社会的・心理的特徴である敵対的行為のいくつかを暴露してきた。インフォーマントは、自分たちがついている嘘をより強く意識するようになり、賞賛することを控えたり他人の不幸を喜んだりする回数が増えていく。インフォーマントのフィールドノーツは、いくつかの利他的動機を明らかにするとともに、隠された、不誠実で、敵対的で、競争心が旺盛で、巧妙な行動をもあらわにする。インフォーマントは観察の準備をしているというよりも、すでに観察中だったのかもしれない。

社会心理的過程に対する意識の高まりが悪影響をもたらすという証拠はほとんどない。なお、このような意識の高まりが有益であるというもう一つの可能性については第5章でふれる。われわれの系統的自己観察研究では、多くのインフォーマントが自分たち自身の生活を観察した内容に驚くが、それにもかかわらず、ほんの一部の者しか深刻な驚愕を報告してこない。たとえば、学生たちは、「一日中あちこちで嘘をついていることを知って、びっくりしました」と口にするものの、誰もそのことで長く悩んでいるとは報告していない。

系統的自己観察が、非専門家であるインフォーマントをオープンにさせるトピックのなかには、ある人びとにとって非常にやっかいなものもあるかもしれない。われわれは、自分たちの大学で十三年間、何の問題もなく系統的自己観察を用いてきたが、いまなお、インフォーマントがネガティブに反応する可能性に関心を持っている。影響を被りやすい個人にとって、デリケートなトピックによる自覚状態の高まりは、自己叱責やきわめて批判的な自己意識など悪い方向に向かうかもしれない。予防策として、研究者はネガティブ反応が起きる可能性を前もって考慮し、情緒不安定なインフォーマントを見極め、それに対処するプランを用意する必要がある。

9 系統的自己観察におけるフィードバック

系統的自己観察法のフィードバックは、われわれ自身の自己観察から、またさまざまな研究プロジェクト終了後におけるインフォーマントとの議論から生まれた。

大学の社会科学の受講生からインフォーマントを募ることは、有益なデータが得られると同時に、適切な教育法にもなっている。学生は、とりわけインフォーマントを用いる研究に適している。というのは、彼らは、読み書き能力にたけ、学習能力にすぐれ、協力的かつ意欲的で、鋭敏な観察者になる可能性を持っているからである。系統的自己観察という研究ストラテジーは、とりわけ大学研究者に適している。これは時間的にも費用面でも経済的だからである。

定義や見本を与えない研究でも、ほとんどすべてのインフォーマントが、課題とされた研究トピックに気づくことができた。多くのインフォーマントの報告によれば、彼らは実習を通じて、相互作用に参加しながら自分自身をさりげなく観察する能力を向上させたという。

わたしたちに届いた最も重要なフィードバックは、大部分のインフォーマントが、行動観察にあたり、その行動が生じるのを妨害することもなければ、改変することもなく、問題は何もなかったと語っていた点である。彼らは一般に、トピックの途中ないし発生直後に、そのトピックに気づいたので、目立たないようにすることは難しくなかったと述べている。さらにインフォーマントは、観察対象事象が観察されたことで脱線することのない独自の方向とタイミングにも気づいていた。彼らは、事象の「習慣のような進行」「勢い」「自然さ」「正常（であること）」を報告している。

フィードバックは、多くの自然な社会的行動が、（それが自然発生的で即興的であっても）慣例化し習慣化した行為でもあることを教えてくれる（Sudnow, 1978）。研究で得られた証拠と同様に理論的考察も、相互作用過程には独自の勢いと慣性があることを示している（Ellis, 1991; Harre, 1986; Hochschild, 1983; Katz, 1999）。フィードバックは、また多くのトピックにとって系統的自己観察法が反応促進型ではない、すなわち研究対象とする事象に変化をもたらすものではない、と考える根拠を与えている。

インフォーマントは、トピックが日常生活のなかで自然に発生する頻度と多様性の高さに「驚いた」と報告している。たとえば、自分がいかに頻繁に嘘をついているか、いかに頻繁にまた多様な仕方で他者と比較しているか、どんな人物に対して賞賛を控えたかなどである。これらの驚きの感情および研究中の事象を改めて意識する感覚は二つの理由から意義深い。第一に、従来の社会科学で行われてきた回想を利用する方法論（質問紙やインタビューなど）は、日常社会生活のありふれた細部を思い起こすのには不適当であるという意見を支持している。第二に、系統的自己観察は、個人の社会的生活内にみられる慣例、習慣化した、半意識的暗黙知の次元にアプローチできることが示されている。

われわれの系統的自己観察研究は多数のトピックに焦点を合わせただけでなく、さまざまなインフォーマント・サンプルを用いて再現もされてきた。こうして得られた知見は信頼性が高く、社会生活の一般的特徴がとらえられていることを語っている。

系統的自己観察が価値のあるデータを生み出す可能性を持った科学的方法であるとはいえ、この方法は面倒な問題を引き起こしてもいる。この方法論的論議については次章で取り上げる。

第3章

系統的自己観察に対する批判的評価

ある研究方法の科学的真価をめぐる評価は、その研究方法が採用した手続きおよびその研究方法から得られたデータの質を批判的に検討することで定まる。系統的自己観察は、妥当性と信頼性の科学的標準、およびデータのエラーやバイアスを避けるための関連事項という観点から評価されなければならない。

研究対象になっているものを、そのデータがどのくらい実際に把握できているか、その程度を〈妥当性〉という。カークとミラー（Kirk & Miller, 1986）によれば、厳密にいうと、「妥当性」は「真実」の間接的な同義語であるという。あらゆる科学的方法は最終的に有効な測定値を得ようと努力する。

〈信頼性〉とは、その方法が一貫した結果をもたらす程度である。信頼性はデータ間の一致度ないし類似性によって測定されるが（Kirk & Miller, 1986）、信頼性が即、その測定の妥当性を意味するわけではない。

〈バイアス〉は、データをある方向に「歪ませる」系統的な影響力をさす。これは、エラーの危険な形である。なぜならば、その影響力は目に見えないかもしれないし、また一貫性はある（信頼性が高い）が、誤った研究事象像に導く可能性もある。単純なエラーがランダムに生じるのに対して、バイアスはデータを歪ませる系統的なエラーであるという点で、「エラー」とバイアスは異なる。

本章では、系統的自己観察の利用に際して考えられるバイアスの原因を特定する。対処可能な問題もあるが、困難な問題を提起するものもある。

実際の系統的自己観察は四つの段階を経る。つまり、研究者はインフォーマントを選定し、彼らに観察上の指示を与える。インフォーマントは目標の事象を観察し、それを記録する。つぎに各段階で発生するエラーとバイアスの原因を検討したい。

1 インフォーマント選定に関する問題

サンプルの代表性は常に問題となる。われわれの系統的自己観察研究では、社会学の授業に登録している学生からインフォーマントを選出しているが、その分析結果は、暗黙のうちに、より大きな社会集団に一般化される。その際、大学生の代表性が問題となる。

あるサンプルの妥当性は、より大きな母集団で研究されている事象の分布状況に依存する。もしその事象が一般的なものならば、たとえごく小さなただ一つの集団であっても代表的サンプルといえる。たとえば、トピックが米国人の休日を観察することであれば、ミシシッピィ州の井戸端会議は代表的なサンプルかもしれないが、下品な言葉遣いの研究ならば、代表的なサンプルとはいえないであろう。

われわれは、嘘をつくこと、賞賛を控えること、自己 - 他者比較を行うこと、気づかないふりをすること、秘密を口にすること、などの追試研究を行ってきたが、そこにおいて、データは一貫して類似しており、見なれたものであった。インフォーマントたちは、互いのフィールドノーツ内に、たやすく自分を探すことができる。われわれが集めた学生たちの人口構成は、年齢、人種、民族、居住地域、都会度といった変数においてきわめて多様性に富んでいる。このような多様性にもかかわらず、得られた結果は際立った一貫性を見せており、このことはつぎのことを示唆している。すなわち、ここで取り上げた社会行動は社会生活の一般的な特徴であり、また、社会階層、人種、性、民族のようなこれまで取り上げられることの多かった差異は、われわれの研究トピックにとって分析上、重要ではないということである。

われわれが研究したトピックに関しては、さまざまなタイプの人間が、まったく同じようにして、そういう場面に居合わせることが多いので、従来のサンプリングに関わる問題は、系統的自己観察研究にはあてはまらない場合も出てこよう。ある特定の事象が性や人種、社会階層、年齢などによって偏った分布をするかどうか、もしくは、どのように遍在しているのかということは、匿名性を放棄して、インフォーマントの「フェースシート」データを集める今後の研究によって探求可能となる。ある事象が普遍的かどうか、またどの程度普遍的なのかということは、新しく取り上げる研究トピックごとに改めて検討すべき実証的問題である。

2 指示内容の作成と説明に関する問題

匿名性を保つこと、ふだんどおりの生活を送ること、判断を下さないこと、タイムリーに記録するといった（第2章でレビューした指示）は、妥当性を最大化し、エラーやバイアスを最小化するためのくふうである。しかしながら、それでもインフォーマントに所定の活動を自己観察するように指示することには方法論的な懸念が存在する。インフォーマントの報告によれば、彼らは自分がいかに頻繁に対象事象を経験しているかということに驚く。その新たな気づきは、彼らが世界を別の形で経験していることを意味する。このことは「反応性」という疑問を提起する。つまり、指示された自己観察を行うという行為そのものが、インフォーマントがその世界で自然にふるまうそのふるまい方を変化させ、データの自然さを変えてしまいはしないか、という問題である。

インフォーマントを用いる研究者は（そのインフォーマントが質問紙の回答者であるか、被面接者であるか、系統的自己観察研究の参加者であるかに関わりなく）、反応性バイアスに注意を払わなければいけない。質問紙の設問が意見を形作るように、事象観察をインフォーマントに求めることは、（存在する事象を測定することとは対照的に）インフォーマントに影響を与え、その対象事象を生み出したり、変えたりするかもしれない。

指示された自己観察は本質的に反応的なのだろうか。それとも、潜在的に反応性を持っているだけなのだろうか。〈自覚状態〉と〈自己意識〉の意味的な差は、自己観察が反応的である必要はないことを示唆している。「自覚状態」が判断や緊張を伴わない自己観察を意味するのに対し、「自己意識」は自然なふるまいから行動を変化させるという判断含みのスタンスを伴う。インフォーマントは概して、自己観察は自分の行動に影響を及ぼさなかったと報告しているが、われわれは、系統的自己観察の指示が自己意識的な行動を招いたかどうかを知る術を持ち合わせていない。

つぎに、観察の見本事例が与えられた場合、その後の観察に影響を及ぼすことがありうる。われわれは研究のなかで、別々の二クラスの学生たちに、「見て見ぬふりをする」事例を報告させる課題を出した。そして、その「見て見ぬふりをする」トピックの一般的な特徴を両クラスで議論させた。われわれは、一方のクラスでは、人を見ていないふりをするという見本を使い、もう一つのクラスでは、失態（開いたままのファスナー、歯の間に詰まった食べ物、ボタンのはずれた状態）を見ていないふりをするという例を用いた。各々のクラスで、さまざまなタイプの「見ていないふり」の事例を報告し合ったが、どちらのクラスでも、見本として紹介した例に合致したタイプの事例がより多く出された。

見本事例がもたらすバイアスを低減するため、見本をまったく〈与えない〉で、インフォーマントに勝手にそのトピック独自の観念を持たせることもできる。あるいは、多様な見本事例をたくさん与えることもありうる。そうすれば、インフォーマントは観察対象としてより広い範囲の事象を認知するようになるだろう。判断に迷う事例も含めるようインフォーマントに指示すれば、観察範囲も広がるだろうし、おそらく事象の定義にも貢献するだろう。

指示内容を用意して伝えることは、本質的にバイアスを与えることでもある。研究者は、前記のさまざまな見本を用いた実験のように、ことばやそれ以外の変数による変動の影響力を調べるための予備実験をしたいと思うかもしれない。研究者は反応性を弱める指示の作成に努力すべきである。

3 事象の観察に関する問題

インフォーマントは、指定されたトピックが自然に生じる「たびに」観察するよう指示されている。しかし、インフォーマントとの話し合いやデータを検証した結果から、インフォーマントは該当事例や事象の細部を見逃している可能性が見受けられる。系統的自己観察データの深刻な問題は、どのくらいの活動が気づかれないまま見逃されているかを知ることが難しい点である。

通常、われわれは、ある一定時間をインフォーマントに与え、彼らはその間、対象事象を経験するたびにモニターすることになっている。しかし、自己観察の課題は日常生活の延々と絶え間ない流れのなかで起きるため、インフォーマントの報告によれば、流れにはまって、課せられている自己モニタリングをやめてしまうことがあるという。ときには、ただ単に課題を忘れることもある。高レベルの動機づけをもったインフォーマントであっても、注意が散漫になったり自覚状態が弱まったりすることがあると報告している。忘れていた空白を思い起こし再現しようとしても、課題対象の活動をしていたのかどうか思い出せないこともある。もし、これらのささいな過失があるタイプの事象を系統的に除外しているのであれば、データを偏らせるであろう。

トピック固有の心理的・社会的力学が引き起こすバイアスも、データの質を危うくする可能性がある。たとえば、自己概念や印象操作といった問題や自己宣伝動機、あるいは、自分自身や研究者に迎合したり、脅したり、喜ばせたりしたいという願望は、（そういうことがなければ）インフォーマントが経験したり報告したりしたはずの内容に影響を与え、データの質を低下させるかもしれない。

データの系統的な歪曲は、インフォーマントの経験に関する過去や社会的文脈を知らないことから生じている可能性もある。デリケートなトピックでは、自己観察するインフォーマントの信頼度は低下するかもしれない。たとえば、嘘に関する研究において、誇張した自己像を作り、それを保ち続ける類の嘘はめったに報告されない。このような嘘はあまりにも辛く、観察も報告もできない。データは対照的に、上品でかつ相手の感情を害さないように話された嘘、すなわち、一般的に「上品」で「悪意のない」と言われる嘘で満ちている。

インフォーマントの経験に関するコメントは大変心強いものだった。彼らの報告によれば、系統的自己観察をすることは「何も変えなかった」し、観察したすべてが「自然」であると感じたという。インフォーマントの自己観察スキルは実習を通じて向上可能であり、インフォーマントをもっと訓練し経験を積ませれば、観察中に油断する時間は最小限にとどまるであろうし、インフォーマントを厳選すれば、系統的自己観察研究の信頼性と正確性は高まるであろう。

4 事象の想起と報告に関する問題

事象を正確に思い出してフィールドノーツを作成するという指示は、きわめて複雑な方法論的難題を提起する。想起したり再現したりすることに関係したエラーやバイアスの多くはまだ明らかになっていない。また、この問題の性質は研究対象のトピックによっても変わるだろう。

観察したことを想起し報告することのむずかしさは、子どもたちの「伝言」ゲームを考えるとよく理解できる。このゲームでは、子どもは自分が聞いたことを隣の子にそのまま内緒で伝えなければならない。いま経験したばかりのことを把握し再現するという単純なことがいかに難しいかを教えてくれるゲームである。会話による相互作用を行う学生たちは，言語的相互作用の詳細を再現する個人の能力には限界があることを理解している（Psathas, 1995）。テープレコーダーなどの録音機器はこのエラーの原因を弱めてくれる。会話のフィールドノーツは，会話分析で使われるテープ起こし（音声の文字化）の際に現れる会話の細部（音声化〔訳注：非言語音および言語になる前の声〕，沈黙，会話の重複など）を欠いている。

しかし，録音されたデータもテープ起こしされたデータも，参加者の認識，動機，抑制された行動，思考，感情は記録されるべくもなく，これらの隠れた特徴は文字記録では潤色され，修正されるかもしれない。理想を言えば，系統的自己観察のフィールドノーツは，実際に何が起きたかをインフォーマントが正確に描写したものである。そこに含まれるのは，〈対象行動の発生時〉に生じた解釈，分析，動機，感情，印象のみであって，フィールドノーツを書きながら生じた〈その後〉のインフォーマントの解釈，分析，印象〈ではない〉。インフォーマントがこの違いをどの程度考慮しているのかはわからない。研究者が最大限なしうることは，インフォーマントがレポートにあとから思いついたことを書き込まないよう注意することだけである。

インフォーマントが正直で，フィールドノーツにエラーや改ざんがないようにするための指示方法は，第2章でふれた。これらの指示方法がどの程度効果を発揮するのかはわからない。実際，集まった報告はすべて誠実で正直に書かれているように見えるが，これは根拠のない仮定である。感度が高く，それなりの自己認識もあり，よきライターであるインフォーマントもいる。

また、より真剣に課題をこなしているインフォーマントもいる。レポートの質はまさに玉石混交である。

実際面での要件も系統的自己観察データの精度に影響を与える可能性がある。すべての報告はイベント後ただちに書かれたものとされる。だが、これは現実的ではないだろう。イベントの細部にわたる記憶は時間とともに失われていくものだ。インフォーマントも認めていることだが、観察を書きとめるまで待たなければならないときには、フィールドノーツは印象にもとづく回想になりがちである。しかし、系統的自己観察データは、気の抜けた印象記とただちに記録された新鮮な観察の両方が混ぜ合わさっている。すべてのフィールド報告を検討したところ、長時間の複雑なできごとは、少なくともその全部については報告されない傾向にあることもわかった。たとえば、嘘や秘密は長いストーリーのなかに埋め込まれている場合が多い。同様に、自己‐他者比較は長い複雑な白昼夢の一部である傾向がある。このような事例では、インフォーマントに（嘘や秘密に関する）強い回想と再現の要求があったといえる。長時間のストーリーや白昼夢を含む報告が少ないことは、そのような厄介な事象を報告することを嫌がるバイアスが存在することを示唆している。

思考や感情といった内的事象を扱う系統的自己観察研究は、それ自体特殊な問題をかかえている。思考や感情を（記憶から）再現する際の精度についてはよくわかっていない。思考の再現として書かれたものは、すべての翻訳がそうであるように、まちがいなく改変されているものの、どのように改変されたかがわからない。思考を言語で把握し表現するには翻訳が必要となる。なぜならば、思考と言語は同一ではないからである。感情とそれを伝える言語も同一ではない。両者がどのように異なり、どのように翻訳が行われるのかは不確かなままでわかっていない。

結局、系統的自己観察研究から生まれたフィールドノーツは、進行中のプロセスをスナップショットしたようなものである。このスナップ写真は、対象行動の重要な文脈、過去、経歴の細部を見落としているかもしれない。たとえば、人は自分の子どもに対し、子どもの友だちや自分の仕事仲間や上司に話すのと同じ調子で話すことはしない。もし、知られていない、社会的な、過去に関する、その他文脈上の問題があって、それらが、たまたま当該トピックにとって重要であるならば、データはバイアスによって歪められるだろう。

さまざまな方法論的難題がもたらす影響度は個々のインフォーマントの能力に依存する。自己観察や報告を行う能力は訓練可能なスキルである。あらゆるスキル同様、自己観察・報告スキルにも個人差がみられる。感受性、自己反映的な自覚状態、記憶力、思考や対話を正確に再現する能力に見られる計り知れない多様性は、フィールドノーツの多様性に寄与している。データ全体あるいは事象全体を説明しようとする分析において、多様性は重大な問題となったであろう。報告の品質におけるこれらのばらつきは分析に影響を及ぼし混乱の原因となるが、分析にあたりデータの一、二の特徴を選び、また、その分析結果を説明するのに好都合な事例を用いることで、多少は緩和されるかもしれない。

さて、これらの諸問題に関して、賢明な研究者は系統的自己観察のデータを、インフォーマントによって認知され、想起され、詳述された観察以上のものとして扱うべきではない。ところで、バイアスのなかには次のようにして緩和可能なものもある。それは（あらゆる種類の事象を包含するよう要求するのではなく）、分析を系統的自己観察法がアクセス可能な事例に限定することである。系統的自己観察研究は、解釈的研究および質的研究の特徴である「発見という文脈」に合っている。そこでは、ある特定の選ばれたフィールド報告が、より大きなデータセットで明らかになるパターンの実例として用いられる。データは、このようにして、帰納的に得られた一般化を説明するために利用できる。

5 系統的自己観察法の強み

一般的に体系的自己観察を特徴づけている方法論上の問題、そしてこれを用いた個々の研究は、評価のむずかしい場合がある。しかし、録音データを除けば、同じような批判は社会科学分野のほとんどすべてのインフォーマントを用いたデータ収集法にあてはまる。また系統的自己観察法は、その方法論的な弱点にもかかわらず、長所や期待できる点もいくつか持ち合わせている。

あらゆる科学は、実証に基づいて主題を説明する必要がある。系統的自己観察は、観察や質問という従来の方法ではアクセス不可能な社会事象の記述を可能にする。実際、系統的自己観察は、（その亜種も含め）暗黙裡の隠された、とらえどころのない社会生活の領域において体系的にデータを収集する唯一の方法といえよう。

われわれの研究は、系統的自己観察が、観察された社会的ないし認知的、感情的事象の自然な流れを変えるのではないかとの懸念をかなり小さくしている。インフォーマントの証言によれば、日常の社会生活の自然な流れが影響されることはないという。また、日常の社会的相互作用や心的過程は日常化、習慣化していて、慣性力さえ備えているため、活動を観察し報告するために必要な意識が自然な生活の流れを阻害することはないようだと報告している。このようにして、彼らが観察している行動は、新たな関心によって誘発もされなければ脱線することもない。なぜならば、観察活動は、それ自体独自のきっかけや進路、方向、勢いを持つ社会的できごとのなかで生じるからである。

われわれの系統的自己観察研究は、何年にもわたり一貫した結果をもたらしてきた多くの追試研究において高い信頼性を示している。一連の研究において、同じ分析パターンをたどると、同じ事象がフィールドノーツに散見される。量的な測定値についても、そのいくつかは一貫性を持っている。たとえば、自己‐他者比較に関するわれわれの追試研究で、自分自身を上位とみなす者と他者を上位とみなす者の人数比は、ほぼ一貫して一対二である。

これまでのエスノグラフィック研究に優越する系統的自己観察の際立った長所を示すと、従来の他の手法は、データを収集する個人の世界観が、研究対象となっている文化的・心理的世界観を歪めるフィルターになっている、という点があげられる。対照的に、系統的自己観察のインフォーマントの世界観（認知、反応、意味、意図、言語、感情など）は、研究対象となっている主題「そのもの」である。系統的自己観察は、参加インフォーマントの活動の細部を彼ら自身のことばでとらえている。それゆえ、研究者の理論化作業は、従来の観察研究や質問紙法、その他のデータ収集法ほどあからさまにデータを型にはめるものとはならない。

もう一つ実際面での長所は、系統的自己観察研究は時間と費用の両面で経済的であることである。それは、とりわけ教師にとって重要な長所だろう。

系統的自己観察をめぐって方法論的疑義があるにもかかわらず、この方法は豊かな洞察のきっかけとなるデータを生み出してきた。系統的自己観察研究は、これまで無視されてきた一連のトピックについて、直感ではとらえ切れない新たな情報をもたらした。また、いくつかの系統的自己観察による実証データがなければ考えられなかった理論的成果を生み出してきた。次章では、これら系統的自己観察研究の例をみてみよう。

第4章

系統的自己観察から生まれた四つの研究

本章では、われわれが行った系統的自己観察研究を四点紹介し、検討する。その四点とは、〈嘘〉をつくこと (Rodriguez & Ryave, 1990)、〈秘密〉のやりとり (Rodriguez & Ryave, 1992)、〈賞賛を控えること〉(Rodriguez, Ryave, & Tracewell, 1998)、自己‐他者比較における〈妬み〉感情 (Rodriguez & Ryave, 1998) である。データは、第2章で詳述したような系統的自己観察の原則にもとづいて得られた。これらのデータは、直感によらない洞察を行い、無視されがちなトピックを理解するために欠かせないものである。つぎに、得られた知見と分析結果の概要について述べよう。

系統的自己観察は、さまざまな目的を持つ研究者が利用可能な汎用性の高い手法である。われわれの分析は、もともと、ハーヴェイ・サックスやアーヴィング・ゴフマン、象徴的相互作用主義、エスノメソドロジー、記号論、会話分析の研究から学んできたものである。それは、数多くあるデータ検討手法の一つである。この分析を用いれば、いつ、誰と、どこで起きた日常的な社会経験であろうと、その細部や経験の基底にある規則性を記述できる。

この研究の探索的性格や、データの質的性格を考えると事象を量的に記述する試みはほとんど行われていない。その代わり、われわれは発見という文脈のなかでデータを利用する。ここでデータは、帰納的分析を展開するための基盤として役立っている。このような研究の文脈に沿って、われわれの分析事例をいくつか選んで紹介したい。

1 事例研究1 日常生活における嘘

嘘は、一般に非難される行動であるにもかかわらず、実際の社会生活では頻繁に見られる。この矛盾を検討するため、われわれは道徳的な問題を脇におき、社会的相互作用の構成的特徴の反映として嘘を研究している。われわれが発見したのは次のようなことである。すなわち、インフォーマントによって観察された嘘の多くは、社会的相互作用を儀礼的に構成し、社会的結びつきを強める、一連の言語選好に起因している (Goffman, 1967; Heritage, 1984)。

A 分析の焦点を定める

われわれの研究から、いくつかの頻出するテーマと一般的な観察結果が浮かび上がった。当初、何人かの学生から、自分たちは「嘘をつかない」という抗議があったにもかかわらず、結果的には、すべてのインフォーマントが嘘をつく行為を自己観察していた。インフォーマントは、日常の相互作用において、いかに多く嘘をついているかを知り、驚いたと報告している。報告された嘘のなかで、何らかの相互作用を期待してあらかじめ用意されていたものはごく少数だった。圧倒的多数は、何の準備もなく、次々と展開する相互作用において即席で語られる嘘であった。ほとんどのインフォーマントの報告によれば、彼らの自然発生的な嘘は、ふだんの相互作用のタイミングやペースを変えることなく容易に生み出されていた。われわれはデータの均質性に驚いた。つまり、インフォーマントたちの嘘の内容や状況、動機づけがとてもよく似ていたのである。

すべてのインフォーマントが嘘をつき、報告された嘘の大半が自然発生的に話され、それらの嘘が相互によく似ているというわれわれの観察結果は、嘘が社会的相互作用の一般的な特徴に由来することを示唆している。言い換えれば、嘘はパーソナリティや社会的背景、道徳的態度の問題ではなく、会話で使用可能な選択肢の標準的な枠組みにおいて許容され、好ましい行動にさえなっている（Sacks, 1975）。

B　嘘、相互作用の継続、好ましい応答

われわれの研究において、大部分の嘘は次のような場面にあらわれていた。すなわち、人びとが提案したり、招待したり、賞賛したり、依頼したり、評価したり、不満を示したりするときである。また、提案されたり、依頼されたり、言われたりしたことを受諾または拒否したいときである。圧倒的多数の嘘は、これらの対になっている会話行動の応答側で起きている。

初期の研究によれば、会話では一般に、拒否よりも受諾が好まれる（Pomerantz, 1978；Sacks, 1987）。受諾は拒否にくらべ、直接かつ簡潔に表現され、出現頻度も高い。拒否は回避され、そ

うしなければならないときは遅れがちになり、無言になったり、偽装される傾向がある（Atkinson & Heritage, 1984）。拒否よりも受諾を好むインフォーマントの志向は、明らかに嘘をつく大きな動機づけになっている。

たとえば、インフォーマントが相手の招待や評価を受け入れたくないとき、彼らは嘘をつくことで受諾志向を満足させていた。次の二例を考えてみよう。

例1
場所―高校の外の駐車場で。
人物―バスケットボールの友人とわたし。
状況―とりとめのないことを話しながら、車の脇に立っている。

友人：明日、パシフィック・パリセーズで試合するんだ。見に来ない。
わたし：本当。いつだい。
友人：金曜の七時半だよ。時間があったら来いよ。
わたし：わかった。行くよ［嘘］。

例2
場所―自宅で。
人物―夫とわたし。
状況―セックス中。

夫：気持ちいい？
わたし：うーん……［嘘］。

またデータを見ると、提案や招待、依頼を受け入れる際、インフォーマントが嘘をつき、あとから最初の受諾やそれに伴う責任を避けるために嘘を重ねる例がたくさんある。以下の例は、このパターンを示している。

場所―二件の会話。一つは学校で、もう一つは自宅での会話。
人物―友人とわたし、つぎは母親とわたし。
状況―友人がわたしと映画を観に行きたがっていた。わたしは疲れていて、行きたくなかったけれど同意した。

友人：今夜、映画でもどう。『ガンディ』が観たくてたまらないの。
わたし：いいんじゃない［嘘］。いつ行くの。
友人：まだ決めてないの。家に着いたらすぐ電話するから、そこで決めようか。
わたし：わかったわ。
（二時間十五分後、自宅で。電話が鳴る）
わたし：お母さん、出てくれる。もしジャネットだったら、気分がよくないので、ベッドで寝てると言ってくれる［嘘。すっきりした］。

拒否を最小限に弱め、そう感じさせないための嘘は、受諾志向の特殊な形態である。拒否は間接的に、そしてそのことを最小化させ、そう感じさせないため、ためらいがちに表現される傾向がある。簡潔で要点だけの受諾表現と違って、拒否を最小限に抑える作業には多めの会話が必要となる。われわれのデータでは、多くの嘘は拒否を、実行されることのない受諾に変える性格を持っている。

場所―自宅での電話会話。
人物―隣人とわたし。
状況―本当は行きたくないパーティの招待状が届いた。そこには、ご返事お待ちしています、とあったので、返事をしなければいけなかった。結局、夕食の時間に彼女に電話をした。というのは、その時間であれば、彼女は忙しくて話す時間があまり取れないだろうと期待したからだ。

わたし：招待状ありがとう。本当に行きたいんだけど、仕事の約束が前から入っていて行けないの［嘘］。

C 拒否をやわらげる儀礼的な嘘

嘘と同じパターンは、招待、提案、要求などの打診にも見られる（Schegloff, 1980）。われわれのインフォーマントたちは、要求、提案、招待、評価を拒否することを避けるために、早い段階で嘘をつく必要がある（嘘をつきたくなる）と語っていた。以下の会話では、インフォーマントはあからさまな拒否を避けるために嘘をついている。

場所—自宅。
人物—電話をかけてきた兄とわたし。
状況—木曜の夜遅く、兄が電話してきた。兄はしばしば電話をかけてきて頼みごとをする。特に金曜日、わたしが休みの日に頼んでくるのだ。
兄：金曜は何かあるかい。
わたし：歯医者の予約が入っているけど［嘘］。
兄：ちょっと頼みたいことがあったけど、用事があるなら、いいよ。

D 逸脱事例で分析が決着する

以下の事例は、受諾志向からの逸脱を示している。ここで、インフォーマントは相手の評価を正面から〈否定〉するために嘘をついている。

場所―レストランでの昼食。
人物―友人とわたし。
状況―親友と午後をすごしている。

友人：わたし、本当は着ている物も気に入らないし、ヘアスタイルも好みじゃないの。
わたし：そうは思わないけど。あなたは趣味もいいし［嘘］、髪の毛もすっきりしているよ［嘘］。
友人：わかんない。
わたし：本当だってば［嘘］。

このデータを目にするまで、われわれが見てきた嘘は常に受諾場面に限られていた。しかし、この場合の嘘は相手に対する評価の直接かつ簡潔な否定のなかに埋め込まれている。ただし、相手の自己卑下的な評価に対する返答のなかで嘘が語られるのは特殊なケースである。相手の自己卑下を否定することは、当人の面子を保ち、親密な関係の維持につながる。

以上のすべての事例は、相手の発言、要求、提案、招待の受諾につながるだけでなく、相手をサポートし、人間関係や絆を強める結果をもたらしている。このようにして、強い結びつきを促す相互作用への志向が、日常生活で話される嘘の多くを動機づけている。言い換えれば、大半の場合、インフォーマントは親密さを維持するために嘘をついていた。

2 事例研究2 日常生活で語られる秘密の駆け引き

ある人物に秘密を打ち明けるという行為は、その相手を特別な存在とみなすことである。それは、強い信頼と親密さ、また秘密の話し手（自分）を受け入れたくなるような気持ちを引き起こすことで、相手との関係を強化しようとする気持ちのあらわれでもある。それゆえ、秘密の共有はちょっとした駆け引きの様相を見せる。われわれのデータでは、ほとんどの秘密は、サックス（Sacks, 1970a）が「全体構造的組織化」と呼んだパターンを示している。この構造は以下の四点からなる。（a）（秘密を語る際の）秘密フレーム、（b）その秘密フレーム固有の義務を聞き手が受諾するか拒否するか、（c）秘密の内容、（d）秘密に対する反応。われわれの分析は、秘密が語られる前後の活動に焦点を当てている。

A　情報を秘密とするためのフレーム

インフォーマントが明白に秘密として報告した内容を、そのまま、秘密とみなすことはできないだろう。われわれのデータによれば、ジンメル（Simmel, 1950）やベルマン（Bellman, 1984）の観察と同じように、伝わってきた情報を秘密かどうか判断する要素は内容ではない。それは語り手ないし聞き手から秘密と規定される必要があり、ついで、排他性や機密性、「秘密」固有の様式の社会的意味を備える必要がある。

秘密を取り込み、それを秘密として定義づける語りを「フレーム」と呼ぶ。秘密フレームは、秘密の聞き手に対し、あなたは特別に選ばれている、と知らせるはたらきをする。またフレームは、情報を他者に伝えても良いか否かに関する指示や義務行為を提示する。以下は、さまざまな典型的な秘密フレームである。

秘密フレーム1

レイチェル：わたし、どうしていいかわからない。誰かに話さなきゃならないのだけれど、知り合いの誰かにこのことを聞かれるのが恐いの。このことは、絶対「誰にも」知られたくないの。

秘密フレーム2

B：あなたにニュースがあるんだけど、絶対誰にも言わないでね。特にリサには。わたしがこれから話すことを彼女に言ったらだめよ。彼女があなたに話したら、驚いたふりしてね。わかった。

秘密フレーム3

A：こんにちは。
B：こんにちは、ジーン。こちらがドナよ。
A：よろしく。
B：↓あなたに大事な話があるの。ただし、英国情報部の関係者に話しちゃだめよ。

どのケースでも（フレーム3は↓の箇所）、秘密を話す側は、その情報から排除されている人びとを特定し、知った見返りの一部として、誰にも話さないことを約束するよう相手に求めている。この要求は、これから語られる情報に秘密というフレームを与える。秘密フレームは、暗示的あるいは明示的な〈契約〉という形式をとる。つまり「あなたに教えてあげる、もし他言しないと約束すれば」ということである。

秘密の輪から排除される人びとをどう決めるかには、いろいろな方法がある。一般的に行われているのは「あらゆる人」を除くことである。ベルマン（Bellman, 1984）は、「あらゆる人」ということばの使用はメタコミュニケーション的であると指摘する。すべての人に関連づけることは何も説明しないことと同じである。実際、関連づけは具体的な個々の集団に対して行われる（Sacks, 1975）。

秘密フレーム2は、「あらゆる人」を除外することから始まるが、すぐに「リサ」を特定している。奇妙なことに、その秘密はリサがすでに知っている情報なのである。この例では、情報を伝えるか否かではなく、明らかに聞き手との絆を強めることの方が重視されている。というのは、リサとはあとで情報を共有することになっているからである。

B　秘密の定式化

われわれの研究データにあらわれた秘密フレームの多くは、これから内緒話が始まることを知らせるだけでなく、独占的な情報に特定の意味と重要性を加味する方法で秘密を「定式化」していた。前記の秘密フレーム1で、聞き手は、その情報に対して話し手から「どうしていいかわからない」と聞かされる。秘密フレーム3は、その情報が「大事な話」であることを言っている。これらの定式化は、隠された情報をどう聞き、どう反応すればいいのか、その方向性を聞き手に与える。話し手は大抵、秘密情報を伝える前に、聞き手に発言権を与えることで秘密フレームを閉じる。

秘密フレームはいくつかの相互作用機能を果たしている。まず、秘密の話し手は聞き手に、その情報が示されるまで、発言の主導権を取らないよう警告する（Sacks, 1970b）。第二に、秘密の定式化は、その秘密情報の結論をどのように聞き、判断すべきかを聞き手に指示する（Sacks, 1970b）。聞き手は「いつ」反応し、「どのように」反応すべきか（たとえば、「えー、それってすごくない」など）を知ろうとして、「びっくりするニュース」を待っている可能性が高い。結局、この前置きによって、秘密を口にする側は、秘密保持契約を積極的に受け入れるか、拒否するかについて聞き手に回答を強制することで、発言の主導権を取ることが可能になる。

C　秘密フレームへの応答

秘密フレームは、受諾か拒否かを要求する「継続的な二者間相互作用」である（Schegloff & Sacks, 1973）。これまでの知見によれば、一般に相互作用場面では拒否よりも受諾を表明したいという選好が存在し（Atkinson & Heritage, 1984）、われわれの研究データもこれを支持している。われわれのデータの〈全〉ケースで、秘密の聞き手は迅速かつ簡潔に明確な受諾を表明した。以下の三例は、秘密をさり気なく伝える方法にみられる特徴を示している（↓は受諾を示す）。

例1

B：ちょっと話があるの。誰にも話さないって約束して。

A：↓　約束するよ。どうしたの。

例2

A：上司のジョンのことで、あなたに話したいことがあるの。だけど、誰にも言わないで。

B：↓　絶対、言わないわ。

例3

クリス：うちのクラスの歴史の先生はちょっと「フツーじゃない」わ。でも、言いたいことはわかるけどね。

わたし：うちにも、そういう先生、何人かいるわよ。わたしはもう耐えられなくて、誰かに話したくてたまらない。あなたって信用できて。

クリス：↓　大丈夫。わたしを信じて。どうしたの。

これまでの例で、秘密の聞き手は、秘密フレームの冒頭で導入されたことばや定式化を繰り返す傾向がある。秘密の聞き手は、通例、受諾するために秘密フレームで用いられたことばや言い回しを使う。そして、どのケースでも、聞き手は秘密を聞くために発言の主導権を相手に返している。

D　秘密とは

秘密そのものにも、少し注意を払ってみよう。一般的に、秘密を理解するためには、われわれのデータの範囲を超えた過去の事情や文脈知識が欠かせない。われわれは、妊娠や中絶、情事、スティグマ、不幸なできごと、軽はずみな行為などの報告がまったくおもしろくないことに気づいた。これらに関するデータは匿名で書かれ、話のすべてが生身の人間から切り離されているからである。

秘密は政治的な色彩を強く帯びている。〈悲しい〉〈むかつく〉〈不愉快〉といった言葉は情報の解釈に影響を及ぼす。さらに、そうした秘密が、他人の不幸なできごとや軽率な行為、訴え、失敗のストーリーであったのは重要である。その内容は他者のトラブルに関係しているので、不幸な（または非難されている）人びとよりも、秘密を共有する自分たちを有利な立場に置いて描いていた。不幸な人や少数派に対する「われわれ - 彼ら」という暗黙のスタンスが、秘密を語るという同盟関係の構築に貢献しているのであろう。

E　秘密への応答

秘密を話す時点まで、話し手は優位な立場にいる。話し手は、ある情報を「秘密」に仕立て上げ、聞き手を選び、秘密保持の義務を負わせ、他言する際のルールを明示し、ストーリーを練り、そしてその情報を与える権限を持っている。しかし、秘密が開示されたあと、この優位性は消滅する。そして、秘密の聞き手は、「理解を示す」能力を使って、（受諾するか拒否するかにもとづき）話し手の状況定義に則って行動することが可能になる。この段階で、暗黙の絆や同盟関係の構築が肯定される（あるいは覆される）。

秘密フレームには受諾や拒否と同様に、明確な受諾選好も存在する。

場所―電話での会話。
人物―わたしと旧友とのやりとり。

ジュリー：ねえ、デル・アミーゴの精神病院にいるクリストファー、知ってるでしょ。彼にはケアが必要なんだけど、困っているの。あっ、このことスティーヴンには話しちゃだめよ。
わたし：話さないよ。で、問題はなに。

ジュリー：スティーヴンったら、クリストファーを二週間だけ入院させるって言うの。保険がそれで切れるからって。ひどいじゃない。
わたし：↓　ひどいなあ。十分なケアには六か月は必要だよね。

秘密の聞き手は、しばしば話し手の言い回しをオウム返しすることで並行応答をする。ここで、「彼にはケアが必要なんだ」と「スティーヴンったら、クリストファーを二週間だけ入院させるって言うの」という発言は、「六か月は必要だよね……」という発言で戻ってくる。「ひどいじゃない」という発言は「ひどいなあ……」で繰り返されている。

話し手の状況の定式化を理解し受け入れることを示すとき、聞き手は、話し手が使うことばを繰り返したり、内容を変えることなく言い換えたりする。たとえば、「来週会おう」は、「うん、来週の木曜ね」となる。もっと強い受諾や絆を表す応答は、聞き手が、秘密の情報や定式化に加える（あるいは増幅する）新しい情報（秘密の形であるかもしれないし、そうでないかもしれない）を返すことである。

故意の秘密メッセージに対する完全な拒否はきわめて珍しい。それよりはむしろ、聞き手は、軽い受諾を示すことで、あるいは、情報の正確さに疑問を呈することで、拒否や不同意をほのめかす。つぎのような気の進まない受諾（↓の箇所）を考えてみよう。

場所―自動車のなか。
人物―友人のデブラとわたし。
状況―デブラは妊娠を望んでいるが、同棲中のボーイフレンド、デニスはそれを望んでいない。

デブラ：わたし、赤ちゃんが欲しいんだけど、そのことをデニスに知られたらまずいの。彼は子どもが欲しくないの。
わたし：彼に知られないで、どうやったらできるの。
デブラ：できるようにしちゃうのよ。それで、気づいたら、もう手遅れで彼も反対できないってわけ。お願いだから、このことはだれにも言わないで。うちに来たら、一言もふれないでほしいの。
わたし：↓　わかったわ。それがあなたの望みなら、わたしはいいわ。だけど、自分がしていること、よくわかっててね。
デブラ：本当に彼の赤ちゃんが欲しいの。
わたし：↓　わかったわ。

ふつう内緒話は、話し手と聞き手の間に、密接でポジティブな絆を作るはたらきをする。しかしながら、いまの例では、聞き手は、話し手の意図に消極的な受諾しか与えていない（Glowacz, 1989)。つまり、「それがあなたの望みなら、わたしはいいわ」という言い方で話し手に注意している。最後の「わかったわ」は、話し手の意思に対する最小限の受諾である。明白な拒否は避けられているものの、完全な受諾と、それに伴う絆の形成および社会的サポートは与えられていない。

われわれのデータでは、話し手が第三者をネガティブに特徴づけることに対して、聞き手が激しく拒否した例は一つだけだった。その例では、話し手の定式化が拒否されたことで、秘密の形成や相互作用は重大な影響を被り、成立しなかった。この聞き手は、協調関係に関する選択を迫られ、第三者（たまたま聞き手の妹だった）と連携するほうを選んだ。

F　考察――内緒話の相互作用における駆け引き

秘密を話すことは当事者間に絆を構築し、彼らとその場にいない第三者との間に非対称な関係を生み出す。しかしながら、相互作用の駆け引きレベルで考えると、いったん秘密が話された後は、話し手と聞き手との間にも力の不均衡が生じる。秘密が話されたあと、その話し手は、いくつかの点で聞き手の判断に対して弱い立場に置かれる。第一に、秘密の話し手は、秘密情報を漏らした点で道徳的に弱い立場にあると考えるであろう。さらに重要なのは、聞き手は、いまや、話し手がその秘密を漏らしたことを重要な第三者に話すという選択肢も手にした点である。

第二に、秘密の聞き手は、話し手がその情報に付与したい定式化（社会的・政治的な「情報操作」）を公然と受諾する（拒否する）選択肢を持っている。さらに聞き手は、実際にはその定式化をひそかに拒否しながら、表面では受諾するように見せるという選択肢も持ち合わせている（Rodriguez & Ryave, 1990）。

秘密の提示以後における話し手の第三の弱みは、聞き手が公然と受諾しても、秘密を共有することで築かれる協調関係を拒否することができる点である。絆の拒否はひそかに行われる場合が多い。こうした理由から、有能な話し手は、秘密同盟が政治的に成功しているかどうかを見極めるために、聞き手の受諾のようすを慎重に吟味する。

秘密情報の無言のあるいは控えめな受諾は厄介である。というのは、それは、その定式化、ないし秘密の共有がもたらす同盟関係を暗に拒否している証かもしれないからだ（Rodriguez & Ryave, 1990）。対照的に、話し手の定式化を繰り返し、さらに、似たような秘密を伝えて話し手と聞き手の双方を（同じ弱みを持つ者同士として）平等な立場に置く強い受諾がある。これは話し手に満足感を与えるものであり、秘密共有による相互作用の政治的成功を示している。

秘密を共有した人が、秘密の提示以後に失望や強い後悔（あるいは、駆け引き戦略の「大成功」の高揚感）をしばしば経験するのは、おそらく秘密を話すことの危険性と脆弱さに起因していよう。

3 事例研究3　賞賛を控えること、親和を拒むひそやかな方法*

賞賛によって、面子と親和感情は容易に高まる（Goffman, 1967; Wolfson & Manes, 1980）。人は、日常生活において、面子と親和感情を高揚させ、その状態を維持しようとする。それゆえ、相応の賞賛を控えるという決断は、そういう人びととの日常行動と著しい対照を成すことになる。ゴフマン（Goffman, 1967）の主張によれば、人は自分の面子を守るだけでなく、他者の面子をも守るという。それは、自分の面子も同じようにして守られるだろうという期待があるからだ（Holtgraves, 1992 も参照されたい）。われわれは、親和感情を求める行動に対する選好を前提に（Heritage, 1984）、なぜ賞賛が一般的でないのか、なぜ人はあまり他人を誉めないのか、について研究してきた。

われわれの研究によれば、インフォーマントは、ときどき意識的かつ意図的に賞賛しないという選択をしていた。また、彼らは、賞賛を差し控えた理由について容易に説明できた。そこから浮き彫りになった二つの主要な動機づけは、競争的状況と懲罰感情である。

* これは、ジョセフ・トレースウェル（Joseph Tracewell）との共同研究である。

A　面子を保つための競争的状況を作り出す

賞賛は、それによって自分または他者の面子や自尊感情が脅かされたり、傷つけられたと（インフォーマントが）感じたときにしばしば控えられる。インフォーマントのフィールドノーツによれば、彼らは、社会的比較における競争的側面に反応している。そこでは、ある個人の成功は他の人の失敗と関係している。

ある人びとへの賞賛は、他者の面子や自尊感情を脅かす可能性がある。次の事例は、研究者の一人が報告したものであるが、相応の賞賛が面子を保ち、守りうるメカニズムを示している。

状況―私はあるクラスで教えている。授業のあと、クラス全員で話し合う機会があった。大勢の学生が意見や質問を出したが、私は、とりわけ五番目に発言した学生の観察力が印象に残った。私はその学生の観察にコメントし、その洞察力を誉めてやりたいと思った。しかし、私は誉めるのを控えた。というのは、そうすると、それまでに発言した学生たちの気分を害するだろう（相対的に彼らのやる気をそぐだろう）と思ったからである。この優秀な学生に与えた賞賛は最小限のものであり、他の学生に与えたコメントとさほど異なるものではなかった。

この教師は賞賛を控える意思決定をしたが、それは、すでに発言した他の学生が、その賞賛を、彼らの（クラス討論への）貢献を暗に批判しているものとして受け止め、その結果彼らの面子を傷つけるかもしれないと気づいたからだった。サックス（Sacks, 1992）は、他の人びとにネガティブな影響を及ぼすかもしれない賞賛を「危険な賞賛」と呼んだ。

われわれのデータでは、第三者の面子を脅かすかもしれないとの理由で賞賛が控えられた事例はたった三例しかない。七十例近くは、賞賛者（インフォーマント）の面子が損なわれるという理由で賞賛が控えられている。以下の事例は、他者のことを賞賛すると、それによって、目前の問題に関するインフォーマントの低下した自尊感情が明らかになり、彼ら自身の面子を脅かす可能性があることを示している。

場所―友人の家。
人物―友人とわたし。
できごと―友人が出来上がった論文を見せてくれた。とてもよく出来ていると思ったが、彼女にそのことを言えなかった。というのは、わたしの論文よりよく書けているので、妬ましく思ったからである。

自分に近い他者との間で階層的比較がなされるとき、いわば特徴コンテストの基本構成要素がすべてそろうことになる（Goffman, 1967）。インフォーマントによって書かれた自尊感情や面子が危機に瀕した大半の事例で、その内容は競合的・競争的なメタファーに満ちている。たとえば、次の例を見てみよう。

状況―職場の友人とバーのなかにあるビリヤードで遊んでいる。ぼくはスチュアートに三回立て続けにやられている。彼は突いたあと、台の上で動き回っている二個のボールの間を狙ったりする。ぼくは度肝を抜かれたが、何も言わなかった。

理由―自分自身、玉突きが下手なことくらい自覚しているし、そのことで少し落ち込んでいる。すごく簡単なショットでさえうまく突けないことも全然気にしていないそぶりをして、ゲーム自体にも上手なプレーヤーの存在にも、まったく関心なさそうにふるまった。

自尊感情を低下させる可能性のある、他者との比較や面子が損なわれる感情は、競争的状況下で賞賛が抑えられる大半の事例でよく見られる。次の事例には、比較対象である他者との関連、危険な賞賛、および競争的状況における面子と社会関係が織りなす（進行中の）やり取りのすべてが示されている。

数人の実習生には、職場で働くとともに宿題が課されていた。わたしは、仕事が終わった後も居残って課題の研究をした。わたしは宿題を完成させただけでなく、作業従事者の仕事量を減らすヒントとなるデータも発見した。翌日の午前八時には宿題を提出した（注：他の実習生は午後一時すぎに提出した）。
　われわれの管理者はわたしにこう言った。「よくやったね、君。追加データを見つけてくれたことにも感謝するよ。これで、われわれの作業量も減るだろう。こういう仕事を続けてくれるのなら、卒業したら君を雇わなくちゃいけないね」。管理者は私への賞賛のことばを、他の実習生や正社員の前で口にしたのだ。そのあと、正社員たちはわたしのところに来て、同じように誉めてくれた。実習生はみんな、わたしを「嫌な顔」で見ながら、去ってしまった。昼食のとき食堂で、正社員の一人が自分たちの作業量を減らしてくれたことに対して感謝してくれたが、すぐに他の実習生が話題を変えてしまった。

さきの事例における教師と異なり、この事例の管理者と正社員は、インフォーマントの仲間の前で「危険な賞賛」をすることを遠慮しなかった。このインフォーマントは、社会的比較をつうじて他の実習生たちの自尊感情が低下したことに気づき、仲間が賞賛を控えた理由を理解した。

B　懲罰感情——規範違反の報告

収集された三五一事例の約四分の一で、インフォーマントは、以前の不正行為に対する罰として、意識的に賞賛を控えたと報告している。これらの事例で、インフォーマントは、賞賛が当然であるとみなしていたものの、賞賛対象者になんらかの認めがたい行動や態度があり、その人物は賞賛を受けるのに値しないと判断したという。皮肉なことに、最もよく見られた報告のテーマは、賞賛のエチケットに関して、インフォーマントの規範感覚から逸脱している、というものだった（Pomerantz, 1978）。

賞賛は、共感と同様、一種の社会関係資本である。過去に他人に投資しなかった人は現在の見返りをあてにできないからである（Clark, 1987）。

わたしの仕事仲間にジョンという男性がいる。彼はめったに同僚を誉めたりしない。たとえそれに値する場面であってもだ。最近、ジョンも同席したスタッフ会議があった。部長がみんなにジョンの最近の意欲的な仕事ぶりを紹介した。部長は、ある重要なプロジェクトにおけるジョンの研究を誉めたたえた。何人かの仲間が「賞賛の輪」に加わり、ジョンはニコニコ顔だった。このような会議の場には、これまで何回も出席していて、部長から、自分ももちろんそうだけど、同僚が誉められるのを聞くのは楽しいことだった。ところが、こういう場で、ジョンがめったに他人に対する「賞賛の輪」に加わらないことを、わたしは気づいていた。

　その記憶が残っていたため、ジョンが注目の的であっても、わたしは誉めないことにした。ジョンは変わる必要がある。少なくとも、直す努力はするべきだ。ジョンが同僚を尊重する術を学ぶまで、わたしはジョンに対する賞賛を控えるつもりだ。


　多くのインフォーマントが、他者の過去の賞賛行動を思い出すことにかなり注意を払っている。相手の過去に賞賛の怠慢があると、この事例のようにインフォーマントに報復的な感情を引き起こし、賞賛の抑制が生じる。

　自賛を是としない規範は、賞賛にかなう行動に関して、保持すべき態度の一つである(Pomerantz, 1978)。自賛は、相手からの賞賛の供与に悪影響を与える可能性、つまり懲罰的な感情を引き起こす可能性がある。

場所—教室。
人物—同級生とわたし。
状況—授業が始まる直前、その同級生が新しい服で入ってきた。

同級生：ねえ、元気？
わたし：元気よ、ありがとう。あなたは。
同級生：もちろん、元気よ。特におニューの服が。ねえ、すごいでしょう。今日のわたしってすてきでしょう。
わたし：（微笑む。ちょっと含み笑いの感じで）［実際、彼女はすてきな洋服を着ていた。でも、わたしは誉めるのをやめた。というのは、彼女がどうであろうと、わたしには関係ないと思ったから］。

C　反親和感情をひそかに処理する

意識的に賞賛をしないという意図的な非行動は、周りの注目を集めやすく、社会的な説明責任が生じる。これらの結果に影響を及ぼす要因にはどんなものがあるだろうか。賞賛抑制に関係する社会的注目度は、儀礼的な賞賛場面から、賞賛抑制が当面の問題にならず注目されない状況まで広範囲にわたる。賞賛が当然視されている状況での抑制行為はそれだけ注目されやすい。賞賛の状況がフォーマルで儀礼的であるほど、賞賛することがますます期待され、賞賛しないことが気づかれやすくなると言える。多くの状況要因や相互作用的要因が賞賛抑制に対する社会的注目度を規定する。次の事例では、ほとんどすべての参加者が、ある個人に賞賛の意を示している。インフォーマントは、自己を正当化して自分の非行動を説明する。

> わたしの職場のある社員は、自分が着る服の大半を自分で作っている。今日は今まで見たことのない装いでやってきた。オフィスのみんなはその衣装を誉めたが、わたしはちらっと見て別の場所へ行ってしまった。彼女はただでさえうぬぼれているから、わたしは何も言わなかった。

誉めてほしいとほのめかすケースも賞賛抑制が目立つ。

> 前期の研究論文が返ってきた。それはわたしがものすごく熱心に取り組んだものだった。「A」の評価をもらったので、とてもうれしかった。わたしはその論文をボーイフレンドに見せた。彼に「君ってすごいね」と言ってほ

しかったから。でも、彼はそれを見て、ただそこに置き、今日の自分の研究について話し始めた。わたしはとても傷ついた。彼はわたしがどんなに熱心にやったか知っているのに。

賞賛抑制を目立たせる（場面や状況、相互関係による）要因も存在するが、賞賛抑制をおおい隠し、防ぐ要因もまた存在する。賞賛抑制は想像するか推測するしかない目に見えない情報である。いくつかの要因が社会的説明責任を最小化するように働く。しかし、なかでも「参加者（当事者）は、賞賛の非行動が意識的で意図的なものなのか、それとも社会的注意をたまたま怠っていただけなのか知ることができない」という事実が大きい。

多くの相互作用場面において、賞賛に関する明確で一貫した規則は存在しないため、賞賛抑制への注目度は弱い。すなわち、会話における賞賛の位置づけやタイミングが明確になっていないので、そのことが賞賛非行動の注目度を弱めたり、非行動の理由説明を求められる可能性を低くしている。他人の社会的行動を正す行為は侮辱的で不適切でさえある（Schegloff, Jefferson, & Sacks, 1977）。したがって、意図的あるいは非意図的な賞賛の不作為は問題にならない可能性が高い。そのうえ、いまからでも賞賛行為が起こりうる可能性を秘め続けている。

社会的説明責任の必要性は、賞賛抑制を問題にすることが自賛を是としない規範に反するという事実によって弱められる（Pomerantz, 1978）。さらに、あって然るべき賞賛を抑制するよう促すことは、好ましくない対決行為である（Maynard, 1985）。

疑わしい賞賛抑制は、社会的注目度の高い事例を扱ったレポートにも現れていない。実際、われわれのデータでも賞賛抑制が表立って問題にされた事例は〈見当たらなかった〉。賞賛抑制者が、公然と説明責任があるとされ、明確な報復的反応を受けることはありそうにない（少なくとも当面の相互作用中にはない）という事実は、賞賛抑制の不透明であいまいな性格を助長し、特徴づけるものである。

D　考察——反親和感情の扱い方

われわれのデータに登場する人間関係は、友人、配偶者、きょうだい、いとこ、ルームメイト、職場の同僚、同級生である。したがって、他者から賞賛を受けて当然と思われるような状況での反親和的行為は、親和を前提とする人間関係のなかで行われていたことになる。われわれのデータにあらわれた競争的状況や懲罰的感情と、社会的結びつきの形成を促し維持するための行為を志向する心との間には、明らかな緊張関係が存在する。

一般に、人は反親和感情をどう扱っているのだろうか。その表出にはさまざまな選択肢がある。一つめの最も極端な選択肢は、この感情を完全に覆い隠すことである。二つめは、反親和感情と対照的な洗練された嘘をつくことである（Rodriguez & Ryave, 1990）。三つめは、反親和感情をそのまま表現することである——ただし内緒で、安全な第三者に対して行われる（Bergmann,

1993; Rodriguez & Ryave, 1992, 1993)。四つめは、慎重に遠まわしに表現する方法である——ただし、こっそりと控えめに軽くふれる感じで行われる。最後の五つめは、直接、公然と表現される場合である——個人的になされる場合もあれば、公の場で激しい怒りをあらわにし、対立の元になっている要素をはっきりさせることもある（たとえば、Goodwin, 1982, 1983; Goodwin & Goodwin, 1990; Maynard, 1985; Rodriguez & Ryave, 1995)。最初の四つの選択肢はすべて程度の差こそあれ、親和を優先させ、葛藤を避けたい気持ちが勝っている。四つめの選択肢は賞賛抑制に当たる。それはつぎのような点においてである。すなわち、たとえ賞賛抑制の非行動に気づかれても、自画自賛を是としない規範に違反することを避けるため、また、あからさまで対立的な問題提起を避けるために、そのことにはふれられないまま終わる可能性が高いからである。

相互作用に関する文字通りさまざまな研究が、親和を求めて人びとが行うたくさんの方法を記録している。本研究は対照的に、多くの日常的な相互作用のなかに存在する〈敵対的な底意〉を明らかにした。賞賛抑制はこの反親和的な底意の間接的な表明である。

4　事例研究4　日常生活の社会的比較における妬み

社会心理学者はもっぱら、確立された社会科学パラダイムの伝統的な実証的・行動論的手法に則って社会的比較を研究してきた（Festinger, 1954; Rosenberg, 1979; Suls & Wills, 1991）。日常生活で自然に生じる社会的比較を、そのままとらえる試みはこれまであまりなされてこなかった（Wood, 1989）。しかも、羨望など社会的比較がもたらす感情的帰結に焦点を合わせた研究はきわめて限られているのが実情である（Salovey, 1991; Tessar, 1991）。われわれは系統的自己観察を用いて、妬み感情が生み出される社会的比較過程を研究し、妬みの社会的帰結のいくつかを確めた。

A　社会的比較の三つの本質的特徴

インフォーマントは、自己 - 他者比較を行ったときはいつも自己観察をするよう指示されていた。そのデータから、社会的比較は三つの特徴から構成されていることが明らかになった。第一は〈価値観ないし特性〉である。どんなことでも比較の基準になりえ、体格、体重、髪、パーソナリティ、知性、自家用車、幸福度のような基準がよく報告されている。

第二の特徴は、〈比較相手〉である。われわれのデータによれば、インフォーマントは、社会的比較の相手を慎重に選んでいる。それぞれの比較相手は、その特性を備えているだけでなく、同輩ないし「比較相手」として知覚されることも大事であった。つぎの事例は、他者との比較可能性が容易に見直されることを示している。

わたしはカイザーの診療所で働いている。ある日、ニットのドレスを着たとても魅力的な女性が目にとまった。その人はわたしと年恰好も身長も同じくらいだったが、ある理由から、わたしはずっと気になっていた。彼女が立ち上がると、みんなの視線が彼女に集まった。だれもがその美しいスタイルを誉めそやした。わたしは自分のスタイルと比べてみたが、それは、彼女が週に何回かスポーツジムに通っていると隣の女性に話すのを耳にするまでだった。わたしは、いま健康上の理由から運動できないことを思い出し、彼女と比較することをやめた。

この例では、最初、同等と思っていた人物がそうではないことが判明する。こうして、その彼女はもはや比較相手ではなくなり、社会的比較は即座に放棄される。

第三の特徴は〈比較可能な評価〉である。すべての社会的比較は、四つの基本形のどこかに位置する。すなわち、特性や価値の面で比較相手と同じか違うか、良いか悪いかの四つである。比較する相手が自己より低いか劣っているとき「下方比較」と呼ぶ（Wood, 1989）。比較する相手が自己よりも高いか優れているとき「上方比較」と呼ぶ。つぎの二例はこの両方のタイプを示している。

例1

状況―ある女性と話している。というより、わたしが聞き役に回っている。彼女は自分の人生がいかに克服困難な苦難であふれていてつらいか話しかけてきた。わたしは思わず自分と比較してみて、自分の人生の方が苦難に満ちているにもかかわらず、それを克服してはるかにいい仕事をしていると思った。わたしはこんな聞き役はごめんだと思った。

例2

状況―わたしは職場の仲間と電話で話している。その話のなかで、驚いたことに、彼は最近昇給したことを口にした。わたしは彼におめでとうと言ったものの、心穏やかでなく、うらやましかった。そして、なぜ自分は昇給しなかったのだろうかと思った。わたしは自分の働きぶりが正当に評価されないで、疑念を持たれていると感じた。電話を切ったあとも、午後いっぱい、このことばかり考えていた。

非階層的比較では、インフォーマントは自分を「同じ」か「違う」かのどちらかで知覚している。つぎの二例がこれに当てはまる。

例1

状況―作文の補習授業で、わたしは前学期一緒の受け持ちだったアドバイザーについて、クラスメイトと話していた。彼女は、その先生からひどい仕打ちを受けたことや、見下した態度で話すために萎縮してしまったことなどを話した。わたしも、その先生にアドバイスされたとき、同じように感じたと答えた。わたしはもう先生から逃げ隠れたいとしか思っていなかった。わたしたちが二人とも同じ経験をしていたことで、なんとなく安心した。

例2

状況―ある日、文学の授業で教授が講義しているとき、ふとあたりを見まわした。大半の受講者が、教授の話すことばを、文字通り一字一句ノートに書き写していた。わたし一人だけが違っているように感じた。というのは、わたしは書くよりもっぱら聞くことに集中していたからだ。

表４－１　比較的評価の頻度分布

比較タイプ	件数	％
Ⅰ．階層的		
下方比較	516	34.7
上方比較	936	63.0
Ⅱ．非階層的		
同等	29	2.0
相違	3	0.3
合計	1,486	100.0

社会的比較を含む事例は一四八六件だった。比較的評価のタイプ別頻度を、表４－１に掲げた。

この表から、日常生活における社会的比較は、圧倒的に階層的タイプで占められていることがわかる。階層的比較は人間関係にとって、非階層的比較とは大きく異なる結果をもたらす。つまり同等の社会的比較が一体感を高め、絆を強めるのに対して、階層的比較は競争意識に満ちている（Rodriguez & Ryave, 1993）。

B　上方比較と妬みの条件

妬みは、ある人物が、比較相手と同じようにできない状況で、上方比較を行う際に生じる（Schoeck, 1969）。データ収集の際、インフォーマントに妬みなどの感情的反応を記録するようにという指示は行わなかった。九三六件の上方比較は、妬みの見られないケースから、妬みに強く彩られたケースまでさまざまであった。

妬みをもたらした上方比較には三つの特徴がみられる。第一に、比較する側は、比較相手の達成ないし成功が自尊感情ないし面子を弱める点に注目している。第二に、自尊感情ないし面子の低下度は、比較対象の特性が、自分にどれぐらいかかわりがあるかに影響されていた。最後に、妬みが生じる程度は、比較対象の特性に関して、比較相手と同等か優位な位置に立てそうか、その程度を反映していた。妬みに関するこれらの条件のいずれも備えていない事例と、それらをすべて備えている事例を対比させると、これら三つの条件の重要性が明らかになる。

上方比較の妬み事例で、比較する側（インフォーマント）は、比較相手と同じようにはできないにもかかわらず、必ずしも自尊感情の低下を経験してはいなかった。いくつかの事例では、インフォーマントは、比較相手の成功達成を称賛して、自己向上への意欲をかきたてられていた。たとえば、こんな具合である。

わたしは三十七歳になる義理の姉を訪問中だった。彼女には二人の子がいる。義姉は夕方から出かける予定があり、その準備をしていた。わたしは、義姉がてきぱきと身支度して、外出するのを見届けながら、自分と比較していた。わたしなら、それは大騒ぎなのだけれど。彼女のやり方はすごいと思ったし、わたしもあんなふうにやろうと決意した。

この事例は、社会的比較過程が自己向上の情報源となるというフェスティンガー（Festinger, 1954）の視点に沿っている。このようなケースでは、比較相手は役割モデルないし鼓舞する刺激物として体験されている。

比較対象のすべての特性が、インフォーマントにとって等しく重要であるわけではない。比較する者が比較対象の特性を当面関わりがないものと見ているため、妬みが発生しにくかった上方比較も何例かあった。たとえば、次のような例である。

> ある日、わたしは隣人と話しながら、彼のガーデニングの腕前や庭の美しさを誉めていた。わたしは、どうしてうちの庭がうまくいかないのかわかっていた。わが家には毎週庭師が来ているが、わたしは自分の庭にある植物や木の名前も知らない。花も植わっていない（バラだけはあるものの、剪定のし方を知らない）。わたしも隣人のように庭いじりをやろうと思った。

この報告には妬みの兆候がほとんど見られない。この場合の特性（ガーデニングの腕前）はインフォーマントの大きな関心事ではなく、隣人との相互作用のときだけ考慮されるにすぎない。隣人のガーデニングの腕前は称賛され、インフォーマントの今後の目標になっている。

三番目の要因は、比較相手が、比較対象の特性に関して、どの程度、同輩ないしライバルと認識されているかであった。類似性が高くなればなるほど、競争的比較の可能性も妬みの芽も大きくなる。つぎの報告は、インフォーマントと比較相手との類似性を低めることで、上方比較がもたらす不快な特徴が弱まっていくようすを説明している。類似性が低まるにつれ、低下した自尊感情による痛みや妬みは消えていく。

> 今朝わたしは娘の親友の母親に会った。彼女がエアロビクスを続けているのは知っていたし、いつもすてきだと思っていた。今日、彼女と自分の身体を比べてみた。実際、はじめ自分の方がいいと思おうとして、彼女の身体の欠点を見つけようとしていた。でも、二人はあまりにも体型が違いすぎて、そんなことをするのがばかばかしくなってきた。そのことに気づいた途端、二人とも歳のわりにはきれいに見えることに満足した。

妬みに満ちた報告はけしてめずらしくない。つぎの事例では、比較する者が、自分の（私的ないし公的）自己意識が萎縮していくようすと、比較相手がインフォーマントに重要な特性に関して同輩かライバルであるかに注目している。

場所―わたしの職場。
人物―わたしと二人の同僚。
状況―言葉を交わしていない。私は二人の同僚を見ている。二人とも痩せていて小柄で、いつも元気そうに見えた。
比較―彼女たちは痩せているが、わたしは太っているので、二人より「劣って」いると思った。彼女たちは自分自身を完璧にコントロールできているが、わたしはそうではないと感じた。

賞賛が表明されているけれども、このインフォーマントは、自分に欠けていて比較相手に備わっているものに注目して、比較相手の優れた外見を観察している。

われわれのデータにおける社会的比較の多くはそれなりの過去を背負っていたはずに違いないが、インフォーマントたちのフィールドノーツはつぎのことを示していた。すなわち、日常生活で生じる社会的比較の圧倒的多数は、その場で、自然発生的かつ突発的なやり方で経験される。データに登場する社会的比較はほとんど予想されたものではなかったし、意図的な計画の一部でもなかった。こうした特徴は、社会的比較に関する文献でしばしば指摘されてきたことである(Wood, 1989)。インフォーマントによる報告の大部分は、社会的比較の発生が偶発的であることを示していた。

いくつかのケースで、上方比較がインフォーマントの自尊感情に大きなダメージをもたらすため、敵対的で妬ましい感情がフィールドノーツに書かれていた。

わたしの友人は減量プログラムをやっていて、この二週間で十ポンド（約四・五キログラム）減ったと、わたしにその成果を自慢した。表向きは喜んであげたが、心のなかでは、こう言っていた。「なんで、わたしに減量の話なんかして、わたしが太っちょだってこと、わざわざ思い出させるのよ」。彼女の体重が元に戻って、もっと太ればいいと思う。

報告された社会的比較の九八パーセントが階層的であるという事実は、インフォーマントは比較相手に対して競争的に構えやすいという考え方を支持している。何がこの感情を処理するのだろうか。この感情は、社会的接触において、どのように処理されるのだろうか。

C　言語的な社会的比較と非言語的な社会的比較

われわれのデータにあらわれた三四件の非階層的比較は、発生するやただちに声に出されていた。「われわれは同じだ」という同等比較は親和的であり、その表明は社会的絆を強化した。それに対し、階層的比較の圧倒的多数は声に出されていなかった。

下方比較が言語表出されると、それは自慢につながり、相手をけなすことになったであろう。こうした表出行為は比較相手の面子を脅かすため、社会的に不適切で敵対的な行為とみなされる(Goffman, 1967; Heritage, 1984)。下方比較の五一六件中二三件の言語表出された事例は、もっぱら〈第三者に〉対して話されていた。ただの一例を除き、比較する者と第三者は、比較相手に対するネガティブな評価に同意していた。彼らの評価は共通だったため、この意見交換によって彼らの社会的絆は強まった。

声に出された上方比較の例は稀である。妬んでいるとみられることに伴うスティグマは、つぎの事実によって的確に理解できる。すなわち、インフォーマントが比較相手や第三者に対して、自分が妬みに囚われていることを詳しく説明するという事例は、上方比較に関する九三六件の報告中、一件も見られなかった。われわれはこの抑圧された経験を〈かき消された思い〉と呼ぶことにしたい。いわば〈容易に社会的表現されることのない反応〉である。

インフォーマントは、上方比較による自尊感情の低下を無視し、ただ他者を誉めるという選択肢も持ち合わせていた。いずれにせよ、同輩間の賞賛は親和的である(Goffman, 1967; Wolfson & Manes, 1980)。それにもかかわらず、賞賛が表明された事例はきわめて少なかった。上方比較はかき消された思いと呼ぶにふさわしい。

比較相手に対する賞賛に満ちた上方比較の報告事例でも、声に出しての賞賛は控えられていた。賞賛が声に出して伝えられた少数の上方比較において、観察者は寛大ではなかった。たとえば、つぎの事例では、賞賛が皮肉な言い方でなされているため、人を小ばかにした調子になっている。

場所―家で。
人物―女の友だちとわたし。
状況―テーブルに座っている。

わたし：どうしたの、拒食症にでもかかったの？
友だち：いいえ、どうして？
わたし：あなた、この前会ったときからずいぶん痩せたわね。わたしもそんなふうに痩せこけてみたいわ。ねえ、小枝ちゃん。

D　妬み――隠された感情

われわれはデータを検討しているうちに、妬みを伴う社会的比較は日常生活で恒常的に生じているが、それは注意深く隠されていることに気づいた。妬みを隠すことには一定の根拠が存在する。つまり妬んでいるという知覚は，面子を損ない自尊感情の低下をもたらしやすいからである（Sabini & Silver, 1982）。妬み感情は，自己と他者との関係を，社会的絆の親和性を損なうような競争的，敵対的な方向へと変える。一般的に妬みに賛同を表明する者はいない。

友人，夫婦，きょうだい，いとこ，ルームメイト，職場の同僚，同級生は，比較相手として最も頻繁に選ばれる。こうした場面での競争的な性格をもつ階層的比較は，親和性を必要とする人間関係のなかで生じることとなる（Heritage, 1984）。このような社会的比較は，いわばかき消された思いであって，妬み感情は隠されている。面子を維持すること，および親和的行動を優先するために考えられた標準的規範（Brown & Levinson, 1987; Heritage, 1984）が，妬みを隠す行為の原因となっている。それにもかかわらず，競争心や妬みが日常社会生活というドラマのなかで鳴り続けている通奏低音のようなものになっていることを，われわれの研究は示している。

5 系統的自己観察で得られた分析視点

あらゆる研究手法は研究対象となる事象について独自の視点を持っている。われわれが収集した系統的自己観察データは個人の隠された行動を探ろうとしているため，またインフォーマントは自分たちの報告が匿名で扱われることを知っているため，この研究は人びとの隠された社会的行動の特徴を率直にレポートしたものとなっている。嘘の巧みな操作、秘密の共有の根底にある駆け引き、賞賛抑制の裏側に潜む競争的で懲罰的な動機、自己‐他者比較の根底に潜む競争心と妬みは、（多くの社会的行動を刺激する）利己的で操作巧みで、敵対的で反社会的な感情や動機の底意をすべからく表している。この底意は文学や芸術で表現されてきたが、それは暗黙の隠れた領域に存在しているため、研究しようと思っても、なかなか近づけなかった。

系統的自己観察法を用いたわれわれの研究は、従来ほとんど研究を受けつけなかった事象、すなわち日常生活の（隠された感情と動機を含む）〈かき消された思い〉をオープンにし、わずかではあるが、説明を開始した。これは、現実の観察、意見、ストラテジー、意味、憤慨、批判、不平、感情、動機などであり、人びとの行動ないし態度の根底にあるものの、〈社会的に表現されそうもない〉ものである。われわれのデータによれば、かき消された思いや感情という地下世界は、ときおり第三者に向けた表現のなかに姿をあらわす（実際、第三者に対して、ある人物に関する不平や批判を口にすることは絆を形成する行動になりうる）。しかし、（同輩との上方比較のような）かき消された思いは面子を大きく損なうため、声に出されることはまずない。このデータは、虚言のような行為に駆り立てる潜在的な動機が存在することを示している。

系統的自己観察法によって研究者や理論家がアプローチできるようになった社会的行動の隠された底意は、人間関係にかかわる事象の有望な研究領域となるだろう。

第5章

系統的自己観察の応用

本書の第一の目的は、系統的自己観察を研究手法として利用する方法を紹介、説明することだった。系統的自己観察法は、これ以外に、社会科学教育の一環として、治療法として、自己啓発法としても役に立つだろう。本章では、この四つの応用分野を取り上げ、今後の系統的自己観察研究法、教育ツールとしての利用法、治療ツールとしての応用、自己啓発に関連した実践活動との関係について検討する。

1 系統的自己観察に適したトピック

系統的自己観察研究にとって適切な経験範囲を特定するための理論的、実践的課題について第1章と第2章で検討した。研究可能なトピックの開拓に向けた基本的な考え方は、ウェーバー（Weber, 1967）による社会的行為の範囲に関する古典的定義のなかに見出される。すなわち、主観的意味および社会性を志向する精神的あるいは顕在化した行動ないし非行動である。主観的経験、心的過程、非行動、および社会的行為の隠された側面が、今後の系統的自己観察研究にとって最適な主題を規定する。以下では、系統的自己観察のトピックを考案するための提案を紹介する。これは、社会生活のとらえどころのない日常世界に近づくことができる方法にもなっている。

有力なトピックは多くの日常的な風景や慣用的な言い回しのなかに存在する。それはつぎのようなものである。「なにかが『ばれて』しまったことを悔やむ［すなわち、言われてしまった］」「ばかを見る」「ことばに詰まる」「有名人を引き合いに出して自慢する」「自分をさらけ出す」「責任を逃れる」「盗み聞きする」「行儀の悪い」「気にしない」「誉めてほしいとほのめかす」「うわさ話をする」「不満を言う」「口外しない」「うるさい」「言うべきことばを思いつかない」「言ったこと、ないし言わなかったことを悔やむ」「［アイコンタクトないし電話連絡を］取る、取らない」「間抜けなことをする」「誰かにごまをする」「自意識過剰になる」「他人の失敗や成功に一喜一憂する」「他人の好調ないし不調を期待する」「キレる」「［自慢や妨害、責苦などを］控える」「［不具合、傍観者、敵意、無作法、指示、命令、悪口］などに気づかない」「［まじめに、あるいは当然のように］受け取る、受け取らない」「お世辞を言う」などである。

情動や感情、心理状態はいずれも研究可能である。インフォーマントは、恥、怒り、恐れ、喜び、そして期待、絶望、不信、報復、無力感、混乱、同情、熱中、妬みなどの経験事例を調べることができる。そして、こうした感情や情動が日常生活のどこに棲んでいるのか特定することができる。

自己に関係する思考や感情を明らかにすること、それが浮き彫りにする態度や信念は研究者にとって宝の山である。そこにはつぎのようなトピック、すなわち「自己非難」「自己満足」「自信」「自己防衛」「自己不信」「自己犠牲」「自己充足」「無私無欲」「自己嫌悪」が含まれる。同様に、他者や集団に関係する思考や感情も研究対象となりうる。

単一の一般的なトピックは、いくつかの下位トピックに分けたり、焦点を絞ることができる。たとえば「批判をする」は「批判を控える」「批判を受け入れる」「批判を思い出す」「批判する際、あるいは批判を受け入れる際の感情、思考、動機」「第三者に伝えられた批判」「批判を恐れる」などに細分化できる。同様の分析テンプレートを用いて、他のトピックにもアプローチできる。それは、たとえば「侮辱する」「噂話をする」「妬む」「もてあそぶ」「非難する」「圧力をかける」「あざ笑う」「共感する」「自慢する」「[ある行為ないし欠陥]を見逃す」などである。（批判と対をなす賞賛のような）〈正反対〉のトピックも、系統的自己観察のトピックとして扱うことができる。恥や誇りのように広範な概念は、もっと細分化されたトピックに焦点を合わせるのがいいだろう。すなわち、「[容姿、財産、所属、能力、民族アイデンティティないし人種アイデンティティなど]を恥（誇り）に思う」「恥（誇り）の疑わしい気持ち」「恥（誇り）を装う」などである。他に一般的な相反する事象にはつぎの感情がある。「優越感（劣等感）」「[情報、招待、会話など]の仲間に入っている（除外されている）」「[感情、情報、思考など]をオープンにする（秘密にしている）」「[何かについて]知らない（知っている）」「[何かを]期待している（恐れている）」「有利である（不利である）」「管理している（管理していない）」「我慢強い（我慢できない）」「適切な（不適切な）」「自信がある（自信がない）」である。

本心からの行動であると同時に〈本当ではない〉行動でもある可能性、および〈何かのふりをする行動〉である可能性は、別の焦点化を示唆する。「驚き」「好意」「賞賛」「共感」「謙遜」「心配」「愛」「恐れ」「関心」「寛容」を示すようなトピックは、その偽りの形、すなわち「驚いたふりをする」「驚きを隠す」「偽りの好意を示す」「好意を隠す」「偽りの賞賛を与える」「偽りの謙遜を示す」「共感を装う」（と、「共感しないことを装う」）「興味があるようにふるまう」（と、「興味がないようにふるまう」）「見せかけの寛容さを示す」などに変わりうる。「驚いたふりをする」や「驚きを隠す」といった見せかけの偽り行動は、また「疑わしい驚いたふり」や「疑わしい驚きを隠す行為」のような〈疑わしい〉ふりをする、あるいは隠す行為にも拡張できる。われわれは、いくつかの研究から自分自身の行動を観察する課題と、その行動が相手にも起こっているのではないかという疑念とを結びつけることができた。賞賛抑制の研究において、インフォーマントは自分が賞賛を抑制していることを観察すると同時に、相手が賞賛してもおかしくないような類の賞賛が控えられていると感じた事例も観察していた。

これまで見てきた日常的な行動、非行動、思考、感情、動機およびそれらのさまざまな変形版は、単一で、断続的で、境界が明確で、短時間で、日常用語で表現された事象に絞ることで、トピックとして扱えるものになる。研究者は、また系統的自己観察研究の変型版を開発するために、前述の条件を満たさない事象も研究可能である。

研究者は、部分的または全面的に匿名性を放棄して、階級、性別、年齢、人種、民族などに関する「フェースシート」データを取得し、各下位集団に属するインフォーマントが、対象事象を表現する際、どのようにふるまうかを研究することができる。たとえば、男性と女性では嘘をつくときに違いはあるか。年長者と若者では不満（賞賛）を表現（抑制）するときに違いはあるか、などである。

思考、意味、動機、感情のような目に見えない事象を社会的文脈から追究する研究者も、系統的自己観察の変形版を利用することができる。たとえば会話の研究者は、関心のある、感情、動機、思考、意味などについて系統的自己観察を行うことができる（そこでは、相互作用者すなわちインフォーマントはある決められた環境で観察を行うことになろう。また録音データも使われるはずである）。

実験的研究の領域でも系統的自己観察が適用できる。つまり、インフォーマントに、実験に参加しながら心のなかのある特徴を系統的自己観察するように依頼すればよい。相互作用、場面、心理的経験を研究しているさまざまな理論分野に属する研究者たちも、系統的自己観察を使えば、いかなる場面であっても、そこにおける実験参加者の思考や感情を明らかにすることができよう。

心理療法の過程と成果のどちらも系統的自己観察によって研究することができる。すでに、一種の系統的自己観察が行動主義的研究者によって利用されている。彼らは、患者に、自分の症状がどのようにして現れたのか、その理由について経過を振り返らせている。治療者とクライアントは、関連している問題を特定することもできる。そして、その問題がクライアントの生活においてどのようにして、いつ明確な姿を現したのかを追跡するために系統的自己観察が利用できる

（A. Bohart の個人的発言、二〇〇一年五月二二日）。

最後に、系統的自己観察法という方法自体が新たな研究課題を特定する。第3章で検討した気づき、想起、報告にかかわる複雑な方法論的問題は、それ自体が研究プロジェクトのきっかけとなりうる。

研究への適用可能範囲は、個人内や個人間の生活の顕著な、あるいは微妙な特徴に対する研究者の洞察力と同様、幅広い。われわれは、系統的自己観察が有効な日常社会生活に関する研究の発展を期待している。もちろん、今後の発展が待たれている系統的自己観察の変形版についても同様である。

2 教育としての系統的自己観察

系統的自己観察は授業にも使える。教師 - 学生の関係は、研究者 - インフォーマントの関係と同じである。学生は、特によいインフォーマントである。というのは、学生たちは知的で教養があり、自身の体験を注意深く観察することを学ぶのも容易だからである。われわれは、大学の授業に系統的自己観察を持ち込むことで、社会科学系の学生教育に貢献してきた。

系統的自己観察研究を発展させるための細かな指示は第2章で説明したとおりである。授業では、おそらく既存の研究に依拠した少数の訓練課題が与えられることになろう。学生たちは新しい研究トピックの観察と、観察記録を作る準備をする。感度の高い誠実な観察者であれという注意は、〈彼ら〉がデータの質を支配し、実際に研究に参加しているという自覚によって強化される。

データ収集過程は、系統的自己観察の教育現場への適用の半分でしかない。学生たちが匿名のフィールドノーツを提出したあと、各々に全クラスの（匿名）データを編集した資料が配られる。このデータ集はデータを分析するためのクラス討論や課題の教材となる。

われわれは研究参加を任意かつ匿名であるようにしてきた。それにもかかわらず、少なくともデータ収集段階では大半の学生が参加した。学生たちにとって、トピックが身近で興味深かったため、彼らはしばしば熱心なインフォーマントになった。学生たちは、とりわけクラスの（匿名）データに目を通して、クラスメイトの経験や行動が自分と非常によく似ていることを知ると、この研究のとりこになるようだった。

学生たちは、選ばれた一、二の事例、あるいは全事例のなかにいま自分が見ているものをデータの側から分析し、詳しく書きとめるよう指示される。その際、広く一般化を行ったり、社会や人間性について道徳的判断を下したりするのではなく、「データに即した」分析をするよう言い渡される。また学生たちは、データのなかに「あるパターンないし体系化論理」や、共通の特徴が見られないかを調べるため、同時に複数の事例に取り組むよう指示される。

先取精神に富んだ多くの理論家がこの仕事を楽しんでいる。学生たちはデータ志向の帰納的分析のやり方を学ぶ。もっとすぐれたインフォーマントになりたいという動機づけと関心が、引き続く研究プロジェクトのなかで高まっていき、担当教授の分析を聞くことに強い興味を示すようになる。日常の人間経験を記述し理解するというこの社会科学プロジェクトが、学生たちの生活に組み込まれる。

学生たちに有能なインフォーマントやデータ分析者になるための準備をさせる過程から自然と、さまざまな科学的手法の原理に関する議論が沸きあがる。このような場合、学生たちには、社会科学の基本問題（実証的証拠、分析、概念化、サンプリング、理論構築、帰納法、妥当性、信頼性、エラー、バイアス、反応性、逸脱事例の分析、追試研究など）に、直接的かつ具体的に取り組むよう求めている。

研究の全サイクルに学生たちを参加させることは、その研究過程をわかりやすくし、学生たちを尊重することにつながる。学生たちは、われわれに直接あるいは匿名の授業アンケートのなかで、系統的自己観察研究が大変すばらしい学習体験であったことを報告してくれた。

3 系統的自己観察の治療への応用

インフォーマントの報告によれば、研究対象となっている事象を自分自身が経験していることに、徐々に気づきやすくなったという。彼らは、他者の行動に共通する背景や力学はもちろんのこと、自分自身の行動パターンを理解することも学んでいる。自分自身の行動に気づき、観察する（つまり、判断をさしはさむことなく個人経験の特徴を「見つめる」）という単純な行為は、自己変革に至る可能性のある客観性と洞察力をもたらす。系統的自己観察が潜在的に持つ治療法としての価値は、内省的な自己観察、その経験の記録、実習授業への参加（そこでインフォーマントは全データを見直し、他者の報告のなかに「自分自身を見る」）を通じて、インフォーマントが経験する成長によって示唆される。

われわれは、系統的自己観察の治療への適用に関して、この方法は純理論的であるというただし書きを付けた上で副次的な治療法と位置づけている。われわれには系統的自己観察を治療ツールとして使った経験がない。治療の目的と研究方法の目的とは大きく異なる。治療のねらいは問題となっている何かを治すことである。われわれが見てきたことは、系統的自己観察によって（インフォーマントの）自己像が改善され、自他の理解が深まることだった。他者も自分と似ているという洞察は、安心と心地よさをもたらし、大きな思いやりと共感の境地へと導く。こうした特徴から、系統的自己観察は治療実践にも使えるのではないだろうか。

ある共通した問題に系統的自己観察を適用する集団療法は、参加者の治癒に有効だろうか。系統的自己観察は一対一の治療に有効だろうか。系統的自己観察過程にみられる五つの特徴は有効な治療法の条件となっているのだろうか。

第一に、トラブルとなっているトピックに名前を与えて、その問題を抱えた集団や治療者に開示する（そこで問題を話し合うことができる）ことは、なにか変化をもたらすための必要なステップである。ウェイト・コントロール教室、匿名アルコール依存症者の会、その他さまざまな集団療法の実践によれば、問題をみんなで共有することは治療上の効果が認められる。第二に、（判断することなく、中断することなく、早めることなく、遅くすることなく、その他事象を変化させることなく行う）系統的自己観察という心理的課題は、目に見えにくいトラブルの根に接近することでもある。人の日常生活に現れる事象をありのままに認識することは自己統制の成果である。

系統的自己観察は、隠れた潜在化した問題の事象を切り開き、その先行要因を特定を可能にする。ある個人的な先行経験やひきがね（暴力を受けた経験がある人にとっての緊張感情、抑うつ状態の人にとっての自己非難的な記憶や思考）に関する系統的自己観察研究は、その対象者にとって、迫りくるトラブルを防ぐために行動するように警告する「警報システム」になりうると、われわれは考えている。たとえば、怒りの統制療法で対象者は自己観察するよう教えられる。というのは、激怒する前に彼らが示す特定の兆候が彼らを暴力行為に導くからである（Pence & Paymar, 1986）。高まる怒りの信号に気づくことができれば、彼らは冷静になるための「小休止」を取ることができる。

第三に、事例の発生直後に判断を加えない客観的な系統的自己観察を書きとめることが治療的な行為となっている。この書きとめる行為自体が「小休止」の魅力的な形である。日記をつけることも治療に有効であることが指摘されている（Progoff, 1975）。対象者は問題行動がおさまったあと、もっともサポートを必要とするきに、想像上の読者である治療者あるいは（患者）集団とともに、書きとめる作業を行う。

治療法としての第四の可能性は、治療者あるいは（患者）集団にデータを提出する行為のなかにある。特に、判断することを一時停止せよという注意は重要である。自己観察を提出することは、公の「告白」でもある。しかしながら匿名性も秘密も保たれているため、安全な告白と言える。

最後に、系統的自己観察はとりわけ集団作業に適している。というのは、対面はもちろん、書くことを通じてであっても、同じ問題を抱える他者との経験共有は集団療法の魔術的効果を高めるはずであると考えるからである。さらに、他者によって書かれた報告は、とても身近に感じられ、対象者自身の経験のように感じられるだろう。このようにして、対象者は、その問題を抱えているのはもはや自分だけではないと考えるようになる（Rose & LeCroy, 1991）。罪や恥の意識がなくなれば、より自分を受け入れやすくなり、前向きな気持ちになれ、自分の問題に立ち向かうことができる。他人も自分と同じようにこの世を生きている。他人も同じように悩んでいる。対象者の個人的なトラブルの認識が、同じ闘いに直面している仲間であるという、より大きな視野に置かれる。彼ら一人一人の取り組み目標は、その集団の使命の一部となることによって拡大される。

4 自己観察と自己啓発の実践

系統的自己観察がインフォーマントにもたらす影響力をめぐって、その道徳上と倫理上の問題を第2章で検討した。この問題への関心から、系統的自己観察が実践家の役に立つ可能性が浮き彫りになった。われわれの研究によって、反社会的、敵対的、巧妙で、利己的な行動や感情や動機の底にあるものが明らかになったが、この隠された領域をのぞき見ることは安心感をもたらしてもいる。インフォーマントたちは、他者も自分と同じような経験、動機、思考、感情を持っていることを知る。あらゆる生き物の共通点を理解すること、そしてこのことが促す深い憐れみは仏教の主要なテーマである（Dalai Lama, 1998）。

実質的にすべての主要な精神修養や自己啓発法はある種の自己観察力を涵養しており、それらのいくつかにおいて、自己観察は基本的で主要な特徴となっている。仏教、ヨガ、道教、瞑想的なキリスト教やユダヤ教、イスラム神秘主義、西洋の心理療法、その他多くの修養法は「内面を見つめる」よう奨励する。自己観察やその類似の実践は、個人の精神的な成長を促す主要な達成方法と見られている。自己観察の実践は、平安、幸福、調和、忍耐、慈悲、利他主義、自覚、愛を高める手段として、伝統的な精神修養、宗教、治療法で採用されている（Beck, 1989; Dalai

Lama, 1998; Hanh, 1987; James, 1929; Kornfield, 1993; Moore, 1992; Ramacharaka, 1906; Underhill, 1911; Vilayat, 1974)。

仏教やヨガといった東洋の伝統的精神修養は、日常生活において、瞑想、内省、内観することを勧める。禅僧のティック・ナット・ハン（Hanh, 1987）は『思慮の驚異――瞑想の手引き』（*The miracle of mindfulness*）のなかで、つぎのように書いている。「あなたは瞑想しなければならない。……床を掃除するとき、お茶を飲むとき、友と語るとき、何かしているときはいつでも」。系統的自己観察の指示は、インフォーマントに対して、常に注意深く心を配って（少なくとも十分意識して）、対象事象が現れる瞬間だけは何とかとらえるように要求する。

しかも、系統的自己観察法は仏教徒や心理療法のクライアントと同じような配慮を求める。分析したり判断したりしないで、落ち着いて正確に観察するためである。ベック（Beck, 1989）は、『日常生活における禅』（*Everyday Zen*）で、系統的自己観察の変形である瞑想実践にふれている。彼女は、瞑想修行者に意識の流れを観察し、その内容に〈ラベル〉を付けるように求める。

> そのラベルづけはできるだけ特定するように行いなさい。ただ単に「考えている」とか「悩んでいる」ではなく、もっと限定されたラベルに。たとえば、「彼女がとても威張っている、ことについて考えている」「彼はわたしを大変不当に扱っている、ことについて考えている」「わたしは何もうまくできない、ことについて考える」。特定せよ……。考えている内

容に、正確かつ慎重にラベルを付けると、何が起きるだろうか。心が穏やかになってきて……そうすると、生活が一変する。

宗教的内観のさまざまな実践やていねいな自己観察を通じて、いったいどんなことが起きているのだろうか。ある人が心を澄ませて観察する仏教修行に励んでいるとき、何が起きるのだろうか。ジョージ・ハーバート・ミード（Mead, 1956）の「主我」と「客我」という有名な区分は、自己の二重性を認めている。一方は、自然発生的、予測不可能で、常にとらえどころのない観察者、本質的な主体である「主我」であり、もう一方は、社会的自己、内省の対象、つまり役割を演じる「客我」である。

自己観察とは、伝統的な精神修養が「全身を目と耳にする」と説明していることと同義かもしれない。つまり、感覚を研ぎ澄ませて情報を受け取る「観察者」は、どこか神秘的で時間を超越した「主我」なのである。すべての情報を観察対象と化している観察者は、伝統的宗教が崇高な精神の極みとするものの入口にいるのかもしれない。もしそうであるならば、いかにわずかとはいえ、系統的自己観察の実践による内省作業は、インフォーマントを、彼らの根源に少し近づかせるのではないだろうか。

訳者あとがき

いま、わたしたちのまわりはさまざまな自己観察ツールであふれている（MIT Media Lab, 2005; Stakutis & Webster, 2005など）。携帯電話の履歴画面を見れば、メールと通話のようすが見てとれるし、コンピュータ画面でブラウザーの履歴ボタンをクリックすれば訪問サイトが確認できる。また、ICレコーダーや小型ビデオカメラを使えば、二四時間のあいだ、自分が何を話し、何を見たか、くまなく記録できる（たとえば、Mehl & Pennebaker, 2003）。歩数計（鵜飼、二〇〇三）や、GPS装置、パスネットやスイカも自己観察の役に立つ。インターネット上のブログも自己観察の契機となってくれる。レシートやクレジットカードの利用記録も使えるかもしれない。

かつて平凡社の『百科年鑑』には、毎年さまざまな世代や職業の人の二四時間、一週間の生活記録が載っていた。本人にとってはありふれた日常にちがいない生活の記録も、他人が見れば、自分がふつうでないことに気づくきっかけとなる。武田百合子の『富士日記』も同じような機会をもたらしてくれるに違いない。これらを通じて、生活を淡々と記録することのおもしろさを知り、訳者自身、小さな試みをしたことがある（たとえば、川浦、二〇〇二）。

先日、学生たちのケータイに残っている通信履歴を書き出してもらった。メールの送受信と通話の発着信、それぞれ最新五件分、計二十件の記録を目にし、通話の発信だけが特異なパターンを示していることを教えてくれた。利用頻度が他の通信行動にくらべ極端に少なく、かける相手も限られていたからである。

本書は、Noelie Rodriguez and Alan Ryave, *Systematic Self-Observation* (Sage, 2002) の全訳である。著者らは、内面的な自己観察を「系統的自己観察」として体系化するとともに、その手法を用いて人間行動の普遍性を明らかにしようとしている。

本書がアメリカで書かれた背景には、つぎのような事情が関係していよう。自己観察は、米国人学生の自己知識の重要な情報源となっているふしがある。日本人（学生・一般）の場合、自己観察をそのように回答した人は半数にとどまるのに対し（高田、一九九二）、米国人学生では七割が同様に重要な情報源と答えている（Schoeneman, 1981）。

自己観察の研究報告は、巻末の文献リストでもわかるように、けっして多くない。日本国内に限れば五本指でほぼおさまってしまう（岩男、一九九七、二〇〇二など）。その大半は、本書にも出てくるロチェスター相互作用記録法ないしその改良版を採用している（牧野・田上、一九九八；三宅、一九九五、一九九七、二〇〇三；村井、二〇〇〇、二〇〇五）。

自己観察は、観察法のツールたる自分自身を鍛えることでもある（箕浦、一九九九）。また半ば冗談で言えば、今後調査環境が厳しくなると、研究者自身の自己観察しかデータに使えない日が到来するかもしれない。いずれにしても、自己観察の重要性は今後ますます高まるのではないだろうか（日記研究の実践に取り組んでいる例として、Alaszewski, 2006 がある）。

翻訳は田中との共同作業で進められた。前半の三分の二を川浦が、後半を田中が担当し、一次稿の作成後、訳稿を交換し相互チェックを図った。さらに全体の見直しを何度か重ね、表現の統一や読みやすさを高めた。

著者の一人であるライヴは、本文でもふれられているように来日経験があり、そのときの講演内容は、ライヴとロドリゲス（一九八九）として訳されている。今回、日本語版への序をお願いしたところ、快く応じてくれ、こうして載せることができた。一読していただければ、わかるように、原著者たちは自己観察研究の交流を望んでいる。本書がそのきっかけになれば幸いである。

二〇〇六年七月

訳者を代表して　川浦　康至

Rodriguez, N., Rayve, A. L., & Tracewell, J. (1998) Withholding compliments in everyday life and the covert management of disaffiliation. *Journal of Contemporary Ethnography, 27*, 323-345. 以下の URL で入手可能である. http://www.csudh.edu/dearhabermas/ryavedh.htm

Schoeneman, T. (1981) Reports of the sources of self-knowledge. *Journal of Personality*, 49, 284-294.

Stakutis, C. & Webster, J. (2005) *Inescapable Data: Harnessing the Power of Convergence*. IBM Press. http://www.inescapabledata.com/

高田利武（1992）『他者と比べる自分』（セレクション社会心理学 3），サイエンス社.

鵜飼正樹（2003）「〈歩く〉日常」鵜飼正樹ほか編『京都フィールドワークのススメ』昭和堂，10-19.

参考文献

Alaszewski, A. (2006) *Using Diaries for Social Research.* Sage.

岩男征樹（1997）「自己サンプリング法を用いた大人の独り言の分析」日本社会心理学会第38回大会論文集，98-99.

岩男征樹（2002）「独り言を探る」VALDES フォーラム2002配布資料. http://www.valdes.titech.ac.jp/valdes/forum/iwao.pdf

川浦康至（2002）「孤立の不安，孤独の不安」川浦康至・佐々木能章編『喜怒哀楽』現代のエスプリ，421号，167-168.

牧野由美子・田上不二夫（1998）「主観的幸福感と社会的相互作用の関係」教育心理学研究，46巻，52-57.

Mehl, M. R. & Pennebaker, J. W. (2003) The sounds of social life: A psychometric analysis of student's daily social environments and natural conversations. *Journal of Personality and Social Psychology, 84*, 844-857.

箕浦康子編（1999）『フィールドワークの技法と実際』ミネルヴァ書房.

MIT Media Lab (2005) *Reality Mining*. [Online] http://reality.media.mit.edu/（紹介記事「個人の生活パターンから組織全体の動きを把握する研究」（上・下）http://hotwired.goo.ne.jp/news/technology/story/20050802302.html

三宅邦建（1995）「ローチェスター社会的比較研究」宮崎国際大学比較文化研究，1号，39-54.

三宅邦建（1997）「社会的相互作用記録作成の試み――社会的相互作用，孤独感，マキャベリニズム」日本社会心理学会第38回大会論文集，124-125.

三宅邦建（2003）「日誌方法による社会的相互作用研究――孤独感とマキャベリニズムとの関係」九州保健福祉大学研究紀要，4号，51-58.

村井潤一郎（2000）「青年の日常生活における欺瞞」性格心理学研究，9巻1号，56-57.

村井潤一郎（2005）「日記を1週間持ち歩いた参加者たち」安藤寿康・安藤典明編『事例に学ぶ心理学者のための研究倫理』ナカニシヤ出版，82-83.

ライヴ・A・L＆ロドリゲス・N（1989）「日常生活における社会的相互作用の研究」社会学論叢（日本大学社会学会），104号，73-96.

北澤 裕・小松栄一訳，マルジュ社.）
Rogers, C. R. (1961) *On becoming a person: A therapist's view of psychotherapy*. Boston: Houghton Mifflin. （ロジャーズ〈1967〉『人間論』村山正治編訳，岩崎学術出版社.）
Schutz, A. (1962) *The collected papers I The problem of social reality* (M. Natanson, Ed.). The Hague: Martinus Nijhoff. （シュッツ〈1983-1985〉『社会的現実の問題――アルフレッド・シュッツ著作集』１・２，渡辺 光・那須 壽・西原和久訳，マルジュ社.）
Singer, J. L. (1975) *Inner world of daydreaming*. New York: Harper & Row. （シンガー〈1981〉『白日夢・イメージ・空想――幼児から老人までの心理学的意義』小山睦央・秋山信道訳，清水弘文堂.）
Sudnow, D. (1978) *The ways of the hand*. Cambridge, MA: Harvard University Press. （サドナウ〈1993〉『鍵盤を駆ける手――社会学者による現象学的ジャズ・ピアノ入門』徳丸吉彦・村田公一・卜田隆嗣訳，新曜社.）
Underhill, E. (1911) *Mysticism*. New York: Dutton. （アンダーヒル〈1990〉『神秘主義――超越的世界へ到る途』門脇由紀子ら訳，ジャプラン出版.）
Whorf, B. (1956) *Language, thought and reality: Selected writings*. Cambridge: MIT Press. （ウォーフ〈1993〉『言語・思考・現実』池上嘉彦訳，講談社.）
Znaniecki, F. (1934) *The method of sociology*. New York: Farrar & Rinehart. （ズナニエッキー〈1978〉『社会学の方法』下田直春訳，新泉社.）

邦訳文献

引用文献

Cicourel, A. (1964) *Method and measurement in sociology*. Glencoe, IL: Free Press.（シクレル〈1981〉『社会学の方法と測定』下田直春監訳，新泉社.）

Dalai, Lama. (1998) *The art of happiness*. New York: Simon & Schuster.（ダライ・ラマ〈2000〉『ダライ・ラマ――こころの育て方』今井幹晴訳，求竜堂.）

Goffman, E. (1959) *The presentation of self in everyday life*. New York: Doubleday.（ゴッフマン〈1974〉『行為と演技――日常生活における自己呈示』石黒 毅訳，誠信書房.）

Goffman, E. (1967) *Interaction ritual: Essays in face-to-face behavior*. Chicago: Aldine.（ゴッフマン〈2002〉『儀礼としての相互行為――対面行動の社会学』浅野敏夫訳，法政大学出版局.）

Hochschild, A. (1983) *The managed heart*. Berkeley: University of California Press.（ホックシールド〈2000〉『管理される心――感情が商品になるとき』石川 准・室伏亜希訳，世界思想社.）

James, W. (1929) *The varieties of religious experience*. New York: Random House.（ジェイムズ〈1969〉『宗教的経験の諸相』（上・下）桝田啓三郎訳，岩波書店.）

Jung, C. G. (1961) *Memories, dreams, reflections*. New York: Random House.（ユング〈1972〉『ユング自伝――思い出・夢・思想』河合隼雄・藤縄 昭・出井淑子訳，みすず書房.）

Moore, T. (1992) *The care of the soul*. New York: Harper Perennial.（ムーア〈1994〉『失われた心 生かされる心――あなた自身の再発見』南 博監訳，経済界.）

Polanyi, M. (1967) *The tacit dimension*. New York: Anchor.（ポランニー〈2003〉『暗黙知の次元』高橋勇夫訳，筑摩書房.）

Psathas, G. (1995) *Conversation analysis: The study of talk-in-interaction*. Thousand Oaks, CA: Sage.（サーサス〈1998〉『会話分析の手法』

Wong, M. M., & Csikszentmihalyi, M. (1991). Motivation and academic achievement: The effects of personality traits and the quality of experience. *Journal of Personality*, *59*, 539-574.
Wood, J. V. (1989). Theory and research concerning social comparisons of personal attributes. *Psychological Bulletin*, *106*, 231-248.
Zautra, A. J., Finch, J. F., Reich, J. W., & Guarnaccia, C. A. (1991). Predicting the everyday life events of older adults. *Journal of Personality*, *59*, 507-538.
Znaniecki, F. (1934). *The method of sociology*. New York: Farrar & Rinehart.

※追加（原著で抜けていた分）

Singer, J. L., & Kolligian, J. (1987). Personality: Developments in the study of private experience. *Annual Review of Psychology*, *38*, 533-74.

NJ: Lawrence Erlbaum.
Schegloff, E. (1980). Preliminaries to preliminaries: "Can I ask a question?" *Sociological Inquiry*, *50*, 104-152.
Schegloff, E., Jefferson, G., & Sacks, H. (1977). The preference for self-correction in the organization of repair in conversation. *Language*, *53*, 361-382.
Schegloff, E., & Sacks, H. (1973). Opening up closings. *Semiotica*, *8*, 289-327.
Schneider, W., & Shiffrin, R. M. (1977). Controlled and automatic human information processing: I. Detection, search, and attention. *Psychological Review*, *84*, 1-66.
Schoeck, H. (1969). *Envy: A theory of social behavior.* New York: Harcourt, Brace & World.
Schutz, A. (1962). *The collected papers I: The problem of social reality* (M. Natanson, Ed.). The Hague: Martinus Nijhoff.
Schwartz, H., & Jacobs, J. (1979). *Qualitative sociology: A method to the madness*. New York: Free Press.
Silverman, D. (1993). *Interpreting qualitative data: Methods for analyzing talk, text and interaction*. Newbury Park, CA: Sage.
Simmel, G. (1950). *The sociology of George Simmel* (K. Wolf, Trans.). New York: Macmillan.
Singer, J. L. (1966). *Daydreaming: An introduction to the experimental study of inner experience*. New York: Random House.
Singer, J. L. (1975). *Inner world of daydreaming*. New York: Harper & Row.
Sudnow, D. (1978). *The ways of the hand*. Cambridge, MA: Harvard University Press.
Suls, J. & Wills, T. (1991). *Social comparison: Contemporary theory and research*. Hillsdale, NJ: Lawrence Erlbaum.
Tessar, A. (1991). Emotion in social comparison and reflection processes. In J. Suls & T. Wills (Eds.), *Social comparison: Contemporary theory and research* (pp. 115-145). Hillsdale, NJ: Lawrence Erlbaum.
Underhill, E. (1911). *Mysticism*. New York: Dutton.
Vilayat, P. (1974). *Toward the one*. New York: Harper & Row.
Wallace, A. F. (1972). Driving to work. In J. P. Spradley (Ed.), *Culture and cognition* (pp. 311-329). San Francisco: Chandler.
Watson, J. B. (1913). Psychology as the behaviorist views it. *Psychological Review*, *20*, 158-177.
Weber, M. (1949). *The methodology of the social sciences* (E. Shils & H. Finch, Eds.). Glencoe, IL: Free Press.
Weber, M. (1967). *Max Weber on law and economy in society* (M. Reinstein, Ed.). New York: Simon & Schuster.
Wheeler, L., & Nezlek, J. (1977). Sex differences in social participation. *Journal of Personality and Social Psychology*, *35*, 742-754.
Wheeler, L., & Reis, H. T. (1991). Self-recording of everyday life events: Origins, types and uses. *Journal of Personality*, *59*, 340-353.
Wheeler, L., Reis, H. T., & Nezlek, J. (1983). Loneliness, social interaction and sex roles. *Journal of Personality and Social Psychology*, *45*, 943-953.
Whorf, B. (1956). *Language, thought and reality: Selected writings*. Cambridge: MIT Press.
Wieder, D. L., & Zimmerman, D. (1977). The diary: Diary-interview method. *Urban Life*, *5*, 479-498.
Wolfson, N., & Manes, J. (1980). The compliment as a social strategy. *Papers in Linguistics*, *13*, 391-410.

Minnesota Program Development.
Polanyi, M. (1967). *The tacit dimension*. New York: Anchor.
Pomerantz, A. (1978). Compliment responses: Notes on the co-operation of multiple constraints. In J. Schenkein (Ed.), *Studies in the organization of conversational interaction* (pp. 79-112). New York: Academic Press.
Progoff, I. (1975). *At a journal workshop*. New York: Dialogue House Library.
Psathas, G. (1995). *Conversation analysis: The study of talk-in-interaction*. Thousand Oaks, CA: Sage.
Ramacharaka, Y. (1906). *Raja yoga or mental development*. Chicago: Yoga Publication Society.
Reis, H. T., & Wheeler, L. (1991). *Studying social interaction with the Rochester Interaction Record*. New York: Academic Press.
Rodriguez, N., & Ryave, A. L. (1990). Telling lies in everyday life: Motivational and organizational consequences of sequential preferences. *Qualitative Sociology, 13*, 195-210.
Rodriguez, N., & Ryave, A. L. (1992). The structural organization and micropolitics of everyday secret telling interactions. *Qualitative Sociology, 15*, 297-318.
Rodriguez, N., & Ryave, A. L. (1993, March). *On the non-verbalization of self-other comparisons in everyday life*. Paper presented at the annual meeting of the Pacific Sociological Association, Portland, OR.
Rodriguez, N., & Ryave, A. L. (1995). The competitive management of face: A case study of mentally retarded adult male interaction. *Semiotica, 103*, 97-117.
Rodriguez, N., & Ryave, A. L. (1998, March). *The process of social comparison and the engendering of envy in everyday life*. Paper presented at the annual meeting of the Pacific Sociological Association, San Francisco.
Rodriguez, N., Ryave, A. L., & Tracewell, J. (1998). Withholding compliments in everyday life and the covert management of disaffiliation. *Journal of Contemporary Ethnography, 27*, 323-345.
Rogers, C. R. (1961). *On becoming a person: A therapist's view of psychotherapy*. Boston: Houghton Mifflin.
Rose, S. D., & LeCroy, C. W. (1991). Group methods. In F. H. Kanfer & A. P. Goldstein (Eds.), *Helping people change* (4th ed., pp. 422-453). Elmsford, NY: Pergamon.
Rosenberg, M. (1979). *Conceiving the self*. New York: Basic Books.
Sabini, J., & Silver, M. (1982). *Moralities of everyday life*. Oxford, UK: Oxford University Press.
Sacks, H. (1963). Sociological description. *Berkeley Journal of Sociology, 8*, 1-17.
Sacks, H. (1970a). *Winter Lecture 2*. Unpublished lecture, University of California, Irvine.
Sacks, H. (1970b). *Spring Lecture 1*. Unpublished lecture, University of California, Irvine.
Sacks, H. (1975). Everyone has to lie. In J. Sanchez & M. Blount (Eds.), *Sociocultural dimensions of language use* (pp. 57-80). New York: Academic Press.
Sacks, H. (1987). On preferences for agreement and continuity in sequences in conversation. In G. Button & J. Lee (Eds.), *Talk and social organization* (pp. 54-69). Clevedon, UK: Multilingual Matters.
Sacks, H. (1992). Lecture 29. In G. Jefferson (Ed.), *Lectures on conversation* (pp. 461-466). Oxford, UK: Basil Blackwell.
Salovey, P. (1991). Social comparison processes in envy and jealousy. In J. Suls & T. Wills (Eds.), *Social comparison: Contemporary theory and research* (pp. 261-285). Hillsdale,

California State University, Dominguez Hills.
Goffman, E. (1959). *The presentation of self in everyday life.* New York: Doubleday.
Goffman, E. (1967). *Interaction ritual: Essays in face-to-face behavior.* Chicago: Aldine.
Goodwin, C., & Goodwin, M. (1990). Interstitial arguments. In A. Grimshaw (Ed.), *Conflict talk* (pp. 85-117). Cambridge, UK: Cambridge University Press.
Goodwin, M. (1982). Processes of dispute management among urban black children. *American Ethnologist, 9,* 76-96.
Goodwin, M. (1983). Aggravated correction and disagreement in children's conversations. *Journal of Pragmatics, 7,* 657-677.
Grover, S. (1982). A re-evaluation of the introspection controversy: Additional considerations. *Journal of General Psychology, 106,* 202-212.
Gubrium, J., & Holstein, J. (1997). *The new language of qualitative method.* New York: Oxford University Press.
Hanh, T. N. (1987). *The miracle of mindfulness: A manual on meditation* (Rev. ed.). Boston: Beacon.
Harre, R. (1986). An outline of the social constructionist viewpoint. In R. Harre (Ed.), *The social construction of emotions.* New York: Basil Blackwell.
Hayano, D. M. (1979). Auto-ethnography: Paradigms, problems and prospects. *Human Organization, 38,* 99-104.
Heritage, J. (1984). *Garfinkel and ethnomethodology.* Cambridge, UK: Polity.
Hinkle, R., & Hinkle, G. (1954). *The development of modern sociology: Its nature and growth in the United States.* New York: Random House.
Hochschild, A. (1983). *The managed heart.* Berkeley: University of California Press.
Holtgraves, T. (1992). Linguistic realization of face management: Implications for language production and comprehension, person perception and cross-cultural communication. *Social Psychology Quarterly, 55,* 141-159.
James, W. (1929). *The varieties of religious experience.* New York: Random House.
Johnson, J. (1975). *Doing field research.* New York: Free Press.
Jung, C. G. (1961). *Memories, dreams, reflections.* New York: Random House.
Katz, J. (1999). *How emotions work.* Chicago: University of Chicago Press.
Kirk, J., & Miller, M. (1986). *Reliability and validity in qualitative research.* Beverly Hills, CA: Sage.
Kornfield, J. (1993). *A path with heart.* New York: Bantam.
Krieger, S. (1985). Beyond subjectivity: The use of self in social science. *Qualitative Sociology, 8,* 309-324.
Markus, H., & Zajonc, R. B. (1985). The cognitive perspectives in social psychology. In G. Lindzey & E. Aronson (Eds.), *Handbook of social psychology* (3rd ed., Vol. 1, pp. 137-230). New York: Random House.
Maynard, D. (1985). How children start arguments. *Language and Society, 14,* 1-29.
Mead, G. H. (1956). *George Herbert Mead on social psychology: Selected papers* (A. Strauss, Ed.). Chicago: University of Chicago Press.
Moore, T. (1992). *The care of the soul.* New York: Harper Perennial.
Nickerson, R. S., & Adams, M. J. (1979). Long-term memory for a common object. *Cognitive Psychology, 11,* 287-307.
Pence, A., & Paymar, M. (1986). *Power and control: Tactics of men who batter.* Minneapolis:

引用文献

Atkinson, J. M., & Heritage, J. (1984). *Structures of social action: Studies in conversation analysis*. Cambridge, UK: Cambridge University Press.

Beck, C. J. (1989). *Everyday Zen*. San Francisco: HarperCollins.

Bellman, B. (1984). *The language of secrecy: Symbols and metaphors in Poro ritual*. New Brunswick, NJ: Rutgers University Press.

Bergmann, J. (1993). *Discreet indiscretions: The social organization of gossip*. New York: Aldine De Gruyter.

Brown, P., & Levinson, S. (1987). *Politeness: Some universals in language usage*. Cambridge, UK: Cambridge University Press.

Caughey, J. L. (1982). Ethnography, introspection, and reflexive cultural studies. In J. Salzman (Ed.), *Prospects: The Annual of American Cultural Studies*, *7*, 115-139.

Caughey, J. L. (1984). *Imaginary social worlds: A cultural approach*. Lincoln: University of Nebraska Press.

Cicourel, A. (1964). *Method and measurement in sociology*. Glencoe, IL: Free Press.

Clark, C. (1987). Sympathy biography and sympathy margin. *American Journal of Sociology*, *93*, 290-321.

Cooley, C. H. (1926). The roots of social knowledge. *American Journal of Sociology, 32*, 59-79.

Crapanzano, V. (1970). The writing of ethnography. *Dialectical Anthropology*, *2*, 69-73.

Dalai Lama. (1998). *The art of happiness*. New York: Simon & Schuster.

Denzin, N. (1971). The logic of naturalistic inquiry. *Social Forces*, *50*, 166-182.

Dilthey, W. (1976). *Selected writings* (H. P. Hickman, Ed. & Trans.). Cambridge, UK: Cambridge University Press.

Duck, S. W. (1991). Diaries and logs. In B. M. Montgomery & S. W. Duck (Eds.), *Studying social interaction* (pp. 141-161). New York: Guilford.

Duck, S. W., & Rutt, D. (1988, February). *The experience of everyday relational conversations: Are all communications created equal?* Paper presented at the annual convention of the Speech Communication Association, New Orleans, LA.

Ellis, C. (1991). Sociological introspection and emotional experience. *Symbolic Interaction*, *14*, 23-50.

Festinger, L. (1954). A theory of social comparison. *Human Relations*, *7*, 114-140.

Garfinkel, H. (1967). *Studies in ethnomethodology*. Englewood Cliffs, NJ: Prentice Hall.

Garfinkel, H., & Sacks, H. (1970). On formal structures of practical actions. In J. C. McKinney & E. A. Tirayakian (Eds.), *Theoretical sociology* (pp. 338-366). New York: Appleton-Century-Crofts.

Genest, M., & Turk, D. C. (1981). Think-aloud approaches to cognitive assessment. In T. V. Merluzzi, C. R. Glass, & M. Genest (Eds.), *Cognitive assessment*. New York: Guilford.

Glowacz, C. (1989). *Secrets within secrets: The untold stories*. Unpublished student paper,

訳者紹介

川浦康至（かわうら・やすゆき）

東京経済大学コミュニケーション学部教授（コミュニケーション論・社会心理学）

1951年生まれ．東京都立大学人文科学研究科博士課程修了．

最近の著訳書に，『ウェブログの心理学』NTT 出版，『現代風俗史年表1945-2000』河出書房新社（いずれも共著），『ケータイが世の中を変える』北大路書房，『インターネットの心理学』NTT 出版（いずれも共訳）がある．

田中　敦（たなか・あつし）

1951年生まれ．名古屋大学大学院工学研究科修士課程修了．

原子力研究機関を経て，コンピュータ会社および情報処理関連団体に勤務．併せて翻訳を手がける．

訳書として，『アメリカのビジネスマンの闘い方』ぶんか社，『インターネットにおける行動と心理』北大路書房（共訳）がある．

原著者紹介

ノーリー・ロドリゲス（Noelie Rodriguez）

ハワイ・コミュニティカレッジ准教授（社会学）

南フロリダ大学で社会学と英語の学士号を取得後，カリフォルニア大学ロサンゼルス校で，社会学の修士号と博士号を取得した．彼女の研究背景は，量的手法，社会問題，理論，階層，知識社会学，その他いくつかの領域にわたる．彼女は社会問題アクティヴィズムに参加している．

政治経済学，犯罪学，女性学に関する彼女の著作は以下に掲載されている．*Gender and Society*，*Capitalism*，*Nature*，*Socialism*，*Prison Journal*，*Journal of Applied Behavioral Science*.

日常生活に関する研究成果は，*Qualitative Sociology*，『社会学論叢』（日本大学社会学会），*Semiotica*，*Journal of Contemporary Ethnography* に掲載されている．

アラン・ライヴ（Alan L. Ryave）

カリフォルニア州立大学ドミンゲス・ヒル校教授（社会学）

カリフォルニア大学ロサンゼルス校で学士号，修士号，博士号（いずれも社会学）を取得している．

日常生活に関するかれの研究のいくつかは，*Qualitative Sociology*，『社会学論叢』（日本大学社会学会），*Semiotica*，*Journal of Contemporary Ethnography*，*Studies in the Organization of Conversational Interaction*，*Ethnomethodology* に掲載されている．

N. ロドリゲス & A. ライヴ
自己観察の技法
——質的研究法としてのアプローチ

2006年9月25日　第1刷発行

訳　者　川浦康至
　　　　田中　敦
発行者　柴田淑子
印刷者　田中雅博

発行所　株式会社　誠信書房
〒112-0012　東京都文京区大塚3-20-6
電話　03（3946）5666
http://www.seishinshobo.co.jp/

創栄図書印刷　協栄製本　落丁・乱丁本はお取り替えいたします

Printed in Japan
ISBN4-414-30415-6　C3011

社会心理学の新しいかたち

竹村和久編著

（心理学の新しいかたち8） 社会心理学の新しい理論的・方法論的可能性を，第一線の社会心理学研究者が各自の専門分野から論考する。研究者のその研究への取り組みの思想や社会的な問題の解決への示唆を中心に記述し，心理学の科学性と実践性に対応する。

目　次

序　論

第１章　社会心理学はどんな可能性のある学問か

◇第Ｉ部　社会のリスクにどう対処するか

第２章　社会技術としてのリスク・コミュニケーション

第３章　リスクの受容と合意形成

◇第II部　社会的合意形成をどうすすめるか

第４章　公正の原理と社会的意思決定

第５章　社会的ジレンマの解決に向けた統合的アプローチ

◇第III部　社会心理学を社会政策にどう役立てるか

第６章　土木計画に社会心理学を役立てる

第７章　防災計画に社会心理学を役立てる

第８章　社会福祉に社会心理学を役立てる

◇第IV部　社会心理学の新しい方法論の可能性

第９章　社会現象の計算機シミュレーション

第10章　社会行動現象へのシステム思考アプローチ

A5判並製286P　定価3360円(税５％込)

心理学の新しいかたち
〔全11巻〕

シリーズ企画・編集　下山晴彦

ポストモダンと呼ばれる新しい時代に即した新しいかたちを創っていくことが今，心理学にも求められている。その有効性を社会に示し，存在意義を認めてもらうために，各専門領域で発展しつつある最先端の研究を含む人間生活と心理学の関わり，社会への貢献を知ってもらうのが本シリーズです。

①心理学論の新しいかたち　下山晴彦編著
A5判並製286P　定価3360円(税５％込)

②心理学史の新しいかたち　佐藤達哉編著
A5判並製244P　定価3150円(税５％込)

③心理学研究法の新しいかたち　吉田寿夫編著
A5判並製294P　定価3570円(税５％込)

④実験心理学の新しいかたち　廣中直行編著
A5判並製276P　定価3465円(税５％込)

⑤認知心理学の新しいかたち　仲　真紀子編著
A5判並製260P　定価3360円(税５％込)

⑥発達心理学の新しいかたち　遠藤利彦編著
A5判並製314P　定価3780円(税５％込)

⑦教育心理学の新しいかたち　鹿毛雅治編著
A5判並製270P　定価3360円(税５％込)

⑧社会心理学の新しいかたち　竹村和久編著
A5判並製286P　定価3360円(税５％込)

⑨臨床心理学の新しいかたち　下山晴彦編著
A5判並製286P　定価3360円(税５％込)

⑩環境心理学の新しいかたち　南　博文編著
A5判並製324P　定価3885円(税５％込)

⑪芸術心理学の新しいかたち　子安増生編著
A5判並製310P　定価3780円(税５％込)

全11巻　1セット価格38,430円(税５％込)　分売可

誠 信 書 房